Richter
Hafenmanöver unter Segel und Motor

BORDPRAXIS
SEEMANNSCHAFT

HAFENMANÖVER UNTER SEGEL UND MOTOR

Clemens Richter

Pietsch Verlag Stuttgart

Impressum

Einbandgestaltung: Johann Walentek, unter Verwendung einer Zeichnung von Clemens Richter.

Bildnachweis: Sämtliche Abbildungen stammen von Clemens Richter.

Die Ratschläge in diesem Buch sind von Autor und Verlag sorgfältig erwogen und geprüft, dennoch kann eine Garantie nicht übernommen werden. Eine Haftung des Autors bzw. des Verlages und seiner Beauftragten für Personen-, Sach- und Vermögensschäden ist ausgeschlossen.

ISBN 3-613-50197-X

1. Auflage 1994
Copyright © by Pietsch Verlag,
Postfach 10 37 43, 70032 Stuttgart.
Ein Unternehmen der Paul Pietsch Verlage GmbH & Co.
Sämtliche Rechte der Speicherung, Vervielfältigung und Verbreitung sind vorbehalten.
Satz: Fotosatz Schönthaler, 71638 Ludwigsburg
Druck: Maisch + Queck, 70839 Gerlingen
Bindung: K. Dieringer, 70839 Gerlingen

Printed in Germany

Inhalt

In der einschlägigen Literatur werden oft Hafenmanöver vorgeschlagen, die ein Können voraussetzen, das jedes Studium von Büchern über Hafenmanöver ohnehin überflüssig macht. Zudem wird oft davon ausgegangen, daß reichlich Personal an Bord ist, so daß an jeder Leine ein Mann steht und zusätzlich einer, der den Fender im richtigen Moment an der richtigen Stelle dazwischenhalten kann. Bei der Marine oder in großen Yachtschulen mag das zutreffen. Die meisten Yachten werden jedoch von Paaren gesegelt, von denen die Frau sich nur aus Großmut zu dem Abenteuer ihres Mannes herabgelassen hat, ohne sich jedoch allzuviel mit seemännischen Belangen zu befassen. Oft ist heutzutage der Skipper der einzige an Bord, der (etwas) Ahnung vom Segeln hat. Wir wollen ihm nicht durch Kompositionen schwieriger Anlegemanöver vor Augen führen, wieviel er noch zu lernen hat und welches seemännische Genie der Autor sein muß.

Wir wollen ihm helfen, gelassen in jeden Hafen hineinzusegeln, in der beruhigenden Gewißheit, daß er einen Platz findet, wo er sein Boot mit einem Mindestmaß an manövertechnischen Grundkenntnissen sicher und ohne Hektik wird festmachen können.

Dabei werden wir auch auf einige Kunstgriffe zurückgreifen, die aus der Handelsschiffahrt stammen und die in der Yachtszene nicht allen bekannt sind. Gerade in der Handelsschiffahrt müssen große, im Verhältnis zu ihrer Verdrängung schwach motorisierte Schiffe mit einem Minimum an Personal und „Power" manövriert und festgemacht werden. Und gerade große Schiffe sind im Verhältnis viel empfindlicher als kleine. Eine Sekunde Maschinentelegraph zuviel kann leicht Schäden verursachen, die ein Schiff in die Werft zwingen. Davon können wir an dieser Stelle nur lernen.

Grundregeln

1. Nicht umsonst strafen die Bollwerklöwen aller Häfen diejenigen sogenannten Skipper mit Verachtung, die mit Braßfahrt in einen engen Hafen hineinlaufen, auf den nächsten freien Liegeplatz zuschießen und dann durch Geschrei und hektisches Hin- und Herkommandieren ihrer Mitsegler oder bedauernswerten Ehefrauen das auszugleichen versuchen, was sie an besonnener Vorbereitung versäumt haben.
Während die Natur auf offener See ihren weiten Mantel meist gnädig über seemännisches Mißverhalten breitet, offenbart sich im Hafen vor aller Augen, was hinter dem Mann steckt, der sich Skipper nennt. Wenn dann die Seemannschaft vorn und achtern nicht stimmt, macht ihn sein zünftiges Outfit nur noch lächerlicher.

2. Zu schnell fahren nur Anfänger – bis sie zum ersten Mal heftig irgendwo hineingefahren sind. Der äußerst seltene Fall, wo bewußt mit aller Maschinenkraft operiert werden muß, ist hier nicht gemeint. Eine Regel kann sein, nicht schneller zu fahren, als daß man bei plötzlich ausfallender Maschine noch vor dem angepeilten Liegeplatz zum Stehen kommen würde.
In unmittelbarer Nähe anderer Festlieger fahren wir gerade noch so schnell, daß wir ausreichend Ruder im Schiff haben. An Land wäre das Schrittempo.

3. Immer sollten wir so manövrieren, daß noch Alternativen bleiben, wenn zum Beispiel die ursprüngliche Absicht durch eine plötzliche Änderung der Lage oder aufgrund der eigenen Beurteilung geändert werden muß. Beispielsweise läuft mir plötzlich ein anderes Fahrzeug vor den Steven, und ich muß abdrehen, oder der Liegeplatz erweist sich auf den zweiten Blick als ungeeignet.
Seemannschaft ist auch die Fähigkeit, auf veränderte Situationen – oder wenn ich erkenne, daß meine erste Beur-

teilung falsch war – sofort mit einer ganz neuen Entscheidung zu reagieren. Wer an Entscheidungen festhält, nur weil er sie einmal getroffen hat oder weil er sein Gesicht wahren will, ist ein Holzkopf oder Drückeberger, aber kein Seemann. Diese Sturheit ist vielleicht beim Angeln am Baggersee von Nutzen, aber nicht auf verantwortlichem Posten.

4. Ziel soll es sein, mit sparsam aber gezielt eingesetzten Mitteln und möglichst wenig Kraftaufwand das Boot an seinen Liegeplatz zu bringen. Eine helfende Person sollte uns dabei vollauf genügen, egal, ob es sich um eine 1-Tonnen-Slup handelt oder um einen 100-Tonnen-Schoner. Wenn es mehrere sind, um so besser. Aber dann müssen die Leute auch richtig eingesetzt werden.

5. In der Praxis werden viele Skipper eher zu früh als zu spät Leinenverbindung herzustellen versuchen. Von einigen sinnvollen Ausnahmen abgesehen, wollen wir aber die Manöver so planen, daß das Boot mit möglichst wenig Verholaufwand an seinen Liegeplatz kommt.

Deshalb geben wir eine Leine bei ruhiger Wetter- und Stromlage erst dann hinüber, wenn deutlich ist, daß das Boot nicht noch näher an seinen Liegeplatz herankommen wird. So behalten wir uns Entscheidungsmöglichkeiten (anderer Liegeplatz, Achterspring als erste Leine statt Vorleine und so weiter) bis zuletzt vor.

Wir holen uns nur dann mit langer Leine an den Liegeplatz heran, wenn es keinen anderen Weg gibt.

6. Rechtzeitig vor Einlaufen in einen Hafen machen wir alle Leinen, Fender, Anker und so weiter klar.
Damit wollen wir hier beginnen.

Kurzgefaßt

1. Ruhig und bedachtsam fahren, kein Geschrei! Manöver rechtzeitig vorbereiten.
2. Langsam fahren!
3. Flexibel manövrieren, Entscheidungen überprüfen, Alternativen offenhalten!
4. Minimaler, gezielter Kraftaufwand!

5. Leinenverbindung möglichst nicht herstellen, bevor sich das Schiff nicht in Festmacheposition befindet!
6. Rechtzeitig Anker, Leinen und Fender vorbereiten.

Hafenmanöver vorbereiten

Je größer und ungeübter die Crew, desto früher beginnt man mit der Vorbereitung des Hafenmanövers. Wartet man damit zu lange, stehen sich bald alle beim neugierigen Betrachten des sich nähernden Hafengeschehens im Wege, sind aber für die vorbereitenden Erklärungen des Skippers kaum noch aufnahmefähig.

Ist aber alles frühzeitig klargemacht, die Leinen ausgelegt, Anker klar zum Fallen, Fender auf Position, aber noch binnenbords und so weiter, so darf sich jeder, außer dem Mann am Ruder, gern ins Sightseeing vertiefen – aber bitte von einem Ort aus, der Skipper und Rudergänger freien Blick voraus und nach allen Seiten ermöglicht.

Zunächst machen wir den Anker klar zum Fallen, am besten auch einen Heckanker. Auf einer gut ausgerüsteten Küstenyacht sollte der Buganker ohnehin immer klar sein. Ich weiß, daß das im Zeitalter des Campingsegelns ein frommer Wunsch ist. Aber es ist aktive Sicherheit und grundlegende Seemannschaft.

Ein klargemachter Anker muß allerspätestens zehn Sekunden nach dem Entschluß zu ankern im Wasser sein. Das gilt für Supertanker wie für Segelboote.

Schwerere Anker über 25 Kilo hievt man beim Klarmachen in der Regel ein Stück aus und läßt sie in der Klüse hängen.

Ausgehievter Anker

Anker klar zum Fallen, Kette und Leine klar zum Auslaufen

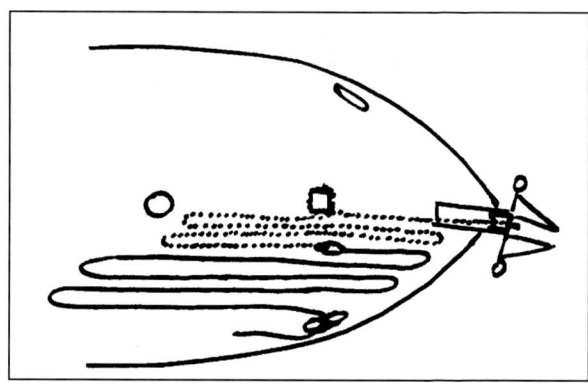

Eine Ankertrosse muß klar zum Auslaufen an Deck aufgeschossen werden. Gesichert wird der Anker durch Rundtörns der Kette auf Poller oder Klampe oder in der Kettennuß.

Als nächstes werden die Leinen klargelegt. Wenn man nicht ganz genau weiß, an welcher Seite man festmachen wird, macht man zunächst je zwei Vorleinen und zwei Achterleinen klar, die sich natürlich auch als Springs benutzen lassen. Nach dem Festmachen nimmt man die Leinen der Wasserseite auf die Landseite herüber als die Leinen, die noch fehlen.

Wenn kein (großes!) Auge eingespleißt ist, knotet man einen großen Palstek in jede Leine. Das Auge soll auch über den größten denkbaren Pfahl oder Poller passen!

Dann wird die Leine von innen durch die Bug- oder Hecklippe hindurchgeschoren und über die Reling zurück an Deck genommen. Anschließend holt man sich soviel Lose durch, daß man mehrere Buchten aufschießen kann, um sie zur Not über ein paar Meter hinweg werfen zu können. Am besten legt man die Lose in mehreren Buchten über die Reling, aber mit dem Schwerpunkt binnenbords. Sonst schwimmt die Leine plötzlich im Wasser und wickelt sich bei sich drehender Welle um die Schraube.

Zusätzlich kann eine Wurfleine gute Dienste leisten. Sie sollte nicht schwächer als sechs Millimeter sein, eher stärker. Leichtere Yachten kann man bei ruhigem Wetter allein damit heranholen. Andernfalls wird die Wurfleine an einen Festmacher gesteckt und dieser damit hin-

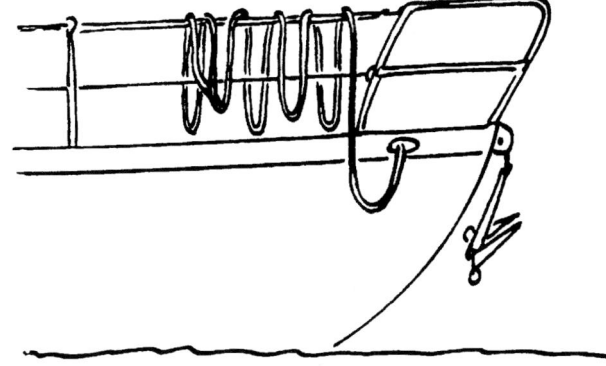

**Vorleine über
der Reling
aufgeschossen,
Anker ist
ausgehievt**

übergegeben. Die klargemachte Wurfleine soll irgendwo griffbereit liegen, wo sie nicht stört. Denn wir planen unser Manöver so, daß wir sie nur im Notfall brauchen. Mit der Wurfleine kann die Chance für eine frühe Leinenverbindung genutzt werden. Dennoch sollte man so manövrieren, daß man nicht auf die Wurfleine angewiesen ist. Eine zu früh hergestellte Leinenverbindung kann auch hinderlich sein.

Es ist immer sinnlos, ein Manöver zu planen, dessen Gelingen darauf beruht, daß im richtigen Moment eine Leine zu einem Menschen geworfen wird, der auch dort steht, wo man ihn braucht und der die Leine dann auch fängt und mit Verständnis sicher belegt.

Oft fällt die Leine beim ersten Mal ins Wasser, und bis sie wieder klar zum Werfen ist, hat sich die Lage vollkommen verändert. Dennoch: Eine im richtigen Moment gut geworfene Wurfleine ist eine schöne Sache und kann eine Situation erfreulich retten. Deshalb sollte man es auch üben.

Nun werden die Fender klargemacht. Bei unbekannter Liegesituation zwei an jeder Seite, also vier und ein fünfter Fender standby, um ihn schnell irgendwo zwischenhalten zu können. Ungeübte sollten die Fenderstropps zuerst nach Augenmaß festbinden, wenn die Fender noch an Deck liegen. Sonst schwimmen sie plötzlich im Kielwasser. Dann die Fender probeweise über Bord hängen und danach die Befestigung korrigieren. Dann nimmt man die Fender wieder herein, bis man sie braucht.

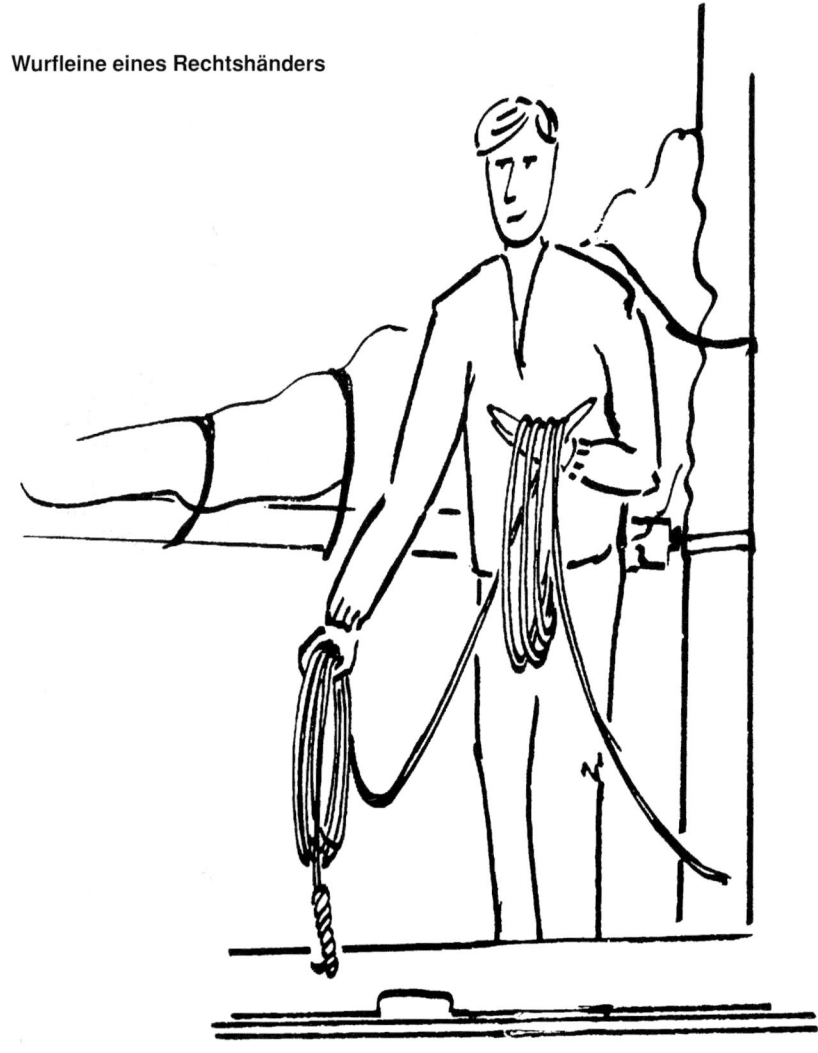

Ein Bootshaken sollte klar sein, aber bitte nicht waagerecht an Deck herumliegend, wo man in die Spitze hineintreten kann, sondern in aufrechter Position und gesichert, aber so, daß man ihn jederzeit greifen kann.

Auf leichteren Yachten oder Jollen, die ohne Motor anlegen müssen, ist es sinnvoll, achtern am kurzen Stropp eine stabile Pütz mit stabilem Henkel anzubinden, klar zum über Bord werfen. Sie soll die Yacht zur Not

aufstoppen.
Ein Treibanker leistet dafür
ungleich bessere Dienste. Er
bremst enorm effektiv – und
schneller als ein richtiger Anker.
Nur ist das Boot anschließend
manövrierunfähig, bis der Treibanker wieder an Deck ist.
Möchte man zu der ver-
schwindend kleinen Elite gehören, die Fahrtenyachten ohne
Motor segeln, ist ein Treibanker
ein Muß, auch für andere Zwek-
ke.

Kurzgefaßt

*Rechtzeitig vor Erreichen des
Hafens klarmachen: Anker,
Heckanker, zwei Vorleinen,
zwei Achterleinen, Wurfleine
(dort, wo sie nicht stört), zwei
Fender an jeder Seite, ein weiterer lose, Bootshaken, gegebenenfalls am Heck Pütz oder
Treibanker.*

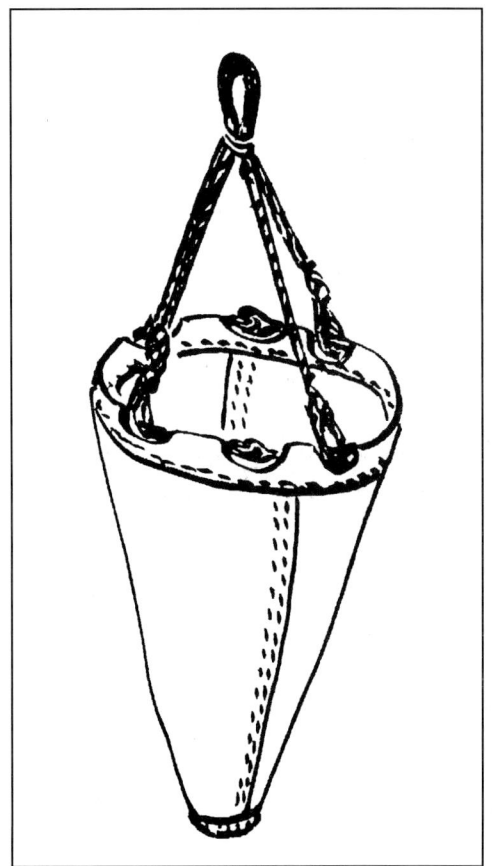

Treibanker

15

Vielleicht wollen Sie wirklich zu den Könnern gehören, die seegehende Yachten ohne Maschine segeln – womöglich einhand. Dann können die folgenden Anmerkungen Basis und Einstieg sein in eine lange Lehrzeit, die möglicherweise eines Tages zur Perfektion führt.

Wahrscheinlich aber werden Sie hektisch versuchen, sich diese Zeilen in Erinnerung zu rufen, weil Ihnen der Motor unterwegs verreckt ist, und Sie nur noch die Möglichkeit sehen, unter Segeln irgendwo einzulaufen und festzumachen. Keine Angst – es wird klappen!

Auch wenn Sie in Druck sind: Solange Sie noch segeln können, haben Sie auch Zeit nachzulesen. Überfliegen Sie also auch die folgenden Absätze, nicht nur das Resümee. »Ziehen Sie sich auf die Schnelle ein paar Grundlagen rein«. Sie könnten sie gebrauchen.

Was im allgemeinen über Anlegemanöver mit großen Yachten nur unter Segeln geschrieben wird, ist meistens reine Theorie. Da erinnert sich so mancher vielleicht, wie es mit der Jolle ging und versucht sich vorzustellen, wie er diese Manöver mit einem mehrere Tonnen schweren »Dickschiff« nachsegeln würde. Soweit so gut. Aber in einem engen Hafen unter vollen Segeln geht alles unheimlich schnell. Das ist wie mit voller Maschinenfahrt manövrieren, nur ohne Rückwärtsgang. Dazu sollte man ruhiges Blut und Erfahrung besitzen und sein Boot genau kennen. Jede Drehung, jede Wende und jede Halse muß halbmetergenau passen, und nach wenigen Metern folgt das nächste Manöver. Da darf keine Schot und kein Fall klemmen. Außerdem braucht man Augen wie eine Fliege, den Blick gleichzeitig oben im Rigg, vorne, hinten und zu den Seiten. Wer so segeln kann, benötigt kein Handbuch übers Manövrieren; er schreibt höchstens eines. Aber vielleicht ein schlechtes. Denn möglicherweise setzt er zu viel voraus.

In der Realität ist die Anlegesituation unter Segeln ungewohnt. Man ist aufgeregt und reagiert zu langsam oder erstmal falsch und dann erst richtig. Wenn man dann mit Braßfahrt im Hafen herumsegelt, ist es meist schon zu spät.

Muß man also unter Segeln anlegen, ist die erste Maßnahme:

1. Information über den Hafen, wohin will ich?

Wie sieht der Hafen aus, wie groß sind die freien Wasserflächen? Wie liegt die Einfahrt, kann ich hineinkreuzen? Kann ich im Hafen in den Wind drehen, habe ich dann noch reichlich Auslaufstrecke: Wohin kann ich mich ohne Segel treiben lassen?

Habe ich Zweifel über den Hafen, ist er vielleicht zu eng, suche ich mir einen anderen. Wollte ich beispielsweise zunächst in den gemütlichen aber engen Hafen von Dyreborg, sollte ich mich jetzt lieber für den nicht weit entfernt gelegenen großen Hafen von Faaborg entscheiden.

2. Wir bereiten alles wie gehabt zum Festmachen vor.

Klarer Bug- und möglichst auch Heckanker sind jetzt unverzichtbar, eine lange, kräftige Wurfleine sehr sinnvoll. Auch die Pütz oder der Seeanker, wenn vorhanden, können jetzt zum Einsatz kommen. Die Fender sollten mehr im vorlichen Bereich hängen, vor allen Dingen die Bugseiten schützen. Hängen sie richtig, nehmen wir sie erstmal wieder binnenbords. Erlaubt es die Bugkonstruktion, so ist ein Fender quer vor dem Vorsteven in diesem Falle nichts Lächerliches, sondern eine seemännische Maßnahme für den Fall der Fälle.

3. Jetzt reffen wir.

Sobald wir in Hafennähe sind, reduzieren wir die Segelfläche auf das absolute Minimum. Sie muß gerade noch ausreichend Fahrt zum Einlaufen gewährleisten. Und diese minimale Segelfläche muß sofort fallen oder auf andere Weise weggenommen werden können. In diesem Moment ist eine Rollfock eine hervorragende Sache. Ohne eine solche und wenn das Boot gut unter Fock allein manövriert, empfielt sich die Sturmfock als einziges Segel, sonst vielleicht das dreifach gereffte Groß.

Nur unter Sturmfock einlaufen

Wer dabei an andere Segler denkt und was sie wohl bei dem schönen Wetter von der eigenen Sturmbesegelung halten werden, sollte sich an das »Kleinholz« erinnern, das viele andere Segler unter voller Besegelung am Steg schon angerichtet haben.

Auch mit dieser Minibesegelung muß man wissen, daß die Auslaufstrecke bei einem Aufschießer immer noch beträchtlich ist und sich schwer schätzen läßt. Sie kann gut und gern noch mehrere Schiffslängen betragen.

Sobald wir uns dem Hafen nähern, werden wir bereits versuchen, uns durch das Glas ein Bild von der Liegeplatzsituation zu machen. Wo ist Platz zum Manövrieren? Wo ist Platz zum In-den-Wind-gehen? Wo gibt es Liegeplätze?

Obwohl wir hier von selbständigen Manövern sprechen, sollte man sich bei Maschinenausfall zunächst auch auf das Geschlepptwerden vorbereiten. Ein ruhiger Schlepp in den Hafen ist einem Einlaufen unter Segeln durchaus vorzuziehen. Dem deutlichen Winken mit einem Tauende wird sich kein motorender Segelkamerad und kein Motorboot-Skipper entziehen(?).

Bei Booten, die ohne Maschine segeln *wollen*, ist das natürlich etwas anderes. Da sollte man von seinen Mitseglern nicht bei jeder Gelegenheit Schlepphilfe erwarten.

In diesem Sinne gehen wir bei den folgenden Manövern davon aus, daß keinerlei fremde Hilfe zur Verfügung steht.

Kurzgefaßt

1. *Hafeninformation einholen – unter Umständen Wahl eines anderen Zielhafens.*
2. *Klarmachen zum Hafenmanöver, besonders: Anker, Treibanker, Wurfleine, Fender.*
3. *Reduzieren der Segelfläche. Restsegel muß sofort geborgen werden können.*

Im Hafen ankern

Wir schieben uns mit langsamer Fahrt durch die Hafeneinfahrt. Vor uns liegen Hunderte von Booten am Steg, an der Pier, im Päckchen. Der Hafen ist überfüllt! Da sind Lücken, aber viel zu klein zum Hineinmanövrieren unter Segeln ... was tun?

Die einfachste Möglichkeit: Einfach mitten im Hafen ankern. Wenn wir auch nach zehn Schrecksekunden immer noch nicht wissen, was das günstigste ist, drehen wir mitten im Hafen in den Wind und lassen den Anker fallen. Dabei beachten wir, daß das Boot von der Position des Ankerwerfens, je nach Wassertiefe, noch mehrere Schiffslängen zurücktreiben

Einfach im Hafen ankern

wird, ehe der Anker (hoffent-lich) hält (Kettenlänge = Was-sertiefe x 3, Trossenlänge = Wassertiefe x 5). Dann sehen wir uns in aller Ruhe um.

Vielleicht gibt es in Lee eine Liegemöglichkeit. Dann stek-ken wir das Ankerkabel (Kette oder Trosse), bis wir dort sind, machen fest und lassen die Kette lose auf den Hafengrund sinken. Das hat sogar den Vor-teil, daß wir uns beim Ablegen an der Kette wieder freiholen können. Bei Wind auf den Lie-geplatz wird deshalb von Frachtschiffen auch unter Ma-schine gern ein Anker fallenge-lassen.

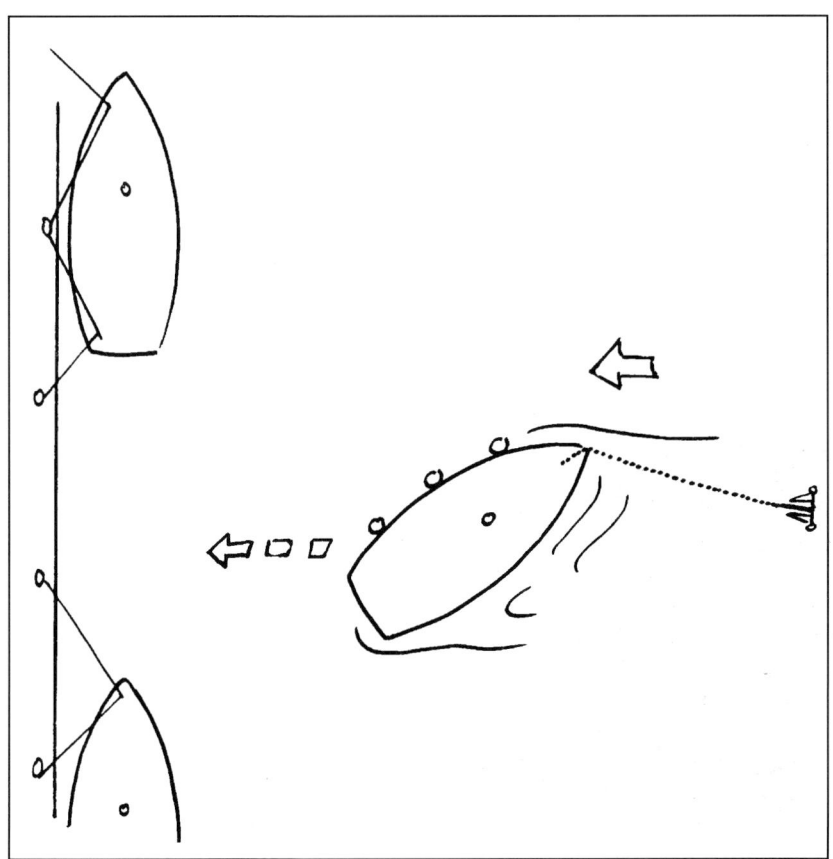

Am Anker auf den Liegeplatz in Lee zustecken

Wenn das Ankerkabel bis zum Liegeplatz nicht lang genug ist, hieven wir den Anker gerade aus dem Grund, lassen uns ein Stück mit hängendem Anker nach Lee treiben und fieren den Anker erneut.

Entdecken wir einen Liegeplatz in einer anderen Richtung als in Lee, setzen wir das Dinghi aus. Wir bringen eine Verholleine quer über das Hafenbecken aus und verholen uns daran bis zu unserem Liegeplatz.

Bei langen, schwimmenden Verholleinen ist es sinnvoll, in Abständen Fender als sichtbare Schwimmkörper an die Leine zu

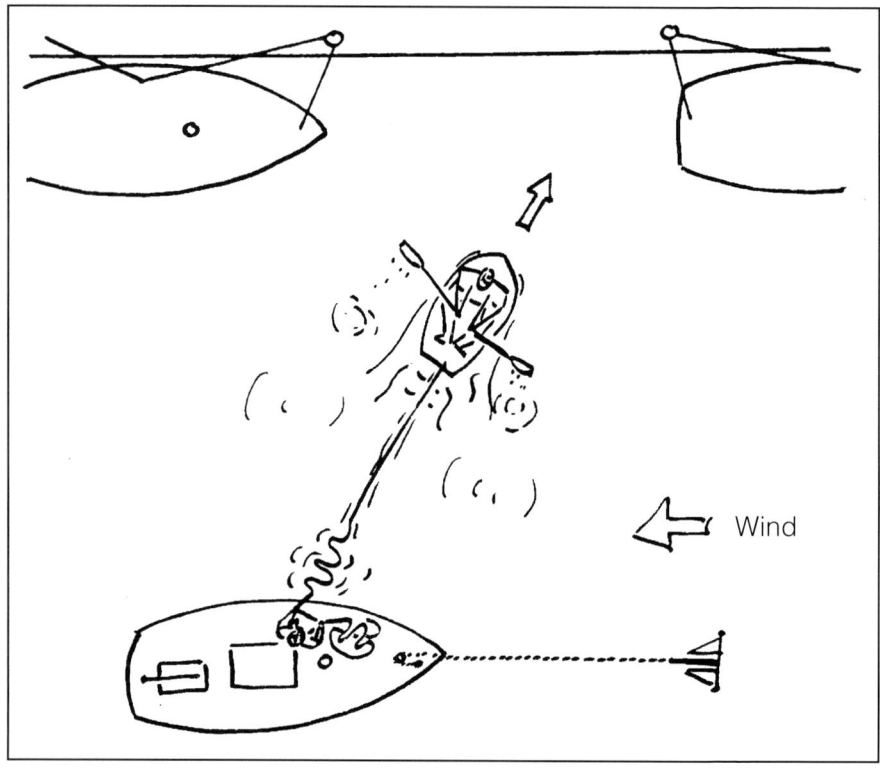

Wind

Mit dem Dinghi die Verholleine ausbringen

stecken, damit von anderen Booten aus die Leine gesehen werden kann und kein anderes Fahrzeug in sie hineinfährt. Besser, die Leine ist schwerer als Wasser. Dann läßt man sie mit reichlich Lose auf den Grund des Hafenbeckens sinken. Dort wird sie allerdings wohl etwas schlammig werden.

Ist die Leine zu kurz oder der Liegeplatz zu weit entfernt, ge-

hen wir ankerauf und segeln mit hängendem Anker ein Stück Richtung Liegeplatz, ankern wieder und verholen uns das letzte Stück mit Leine und Dinghi.

Oder wir *warpen*: Wir stecken unseren leichtesten Anker an die Leine und bringen den Anker mit dem Dinghi in Richtung des Liegeplatzes aus. Dann verholen wir wie gehabt mit über dem Grund hängenden Hauptanker weiter in Rich-

tung unseres Zieles. Dort ankern wir erneut. Dieses Mal
wird die Verholleine reichen.
Sonst wiederholen wir das ganze.

Aus dieser Beschreibung
läßt sich leicht entnehmen, daß
eine gern hundert Meter lange
Verholleine, ein leichter Warp-
anker und ein Dinghi oder
Schlauchboot auf jede Segel-
yacht gehören, vor allem, wenn
sie ohne Maschine unterwegs
ist.

Kurzgefaßt

*Mitten im Hafen ankern. An-
schließend Kabel bis zum ge-
wünschten Liegeplatz stecken
oder mit Dinghi und Leinen verholen.*

Unter Segeln anlegen

Es gibt aber auch Situationen,
in denen wir durchaus unter

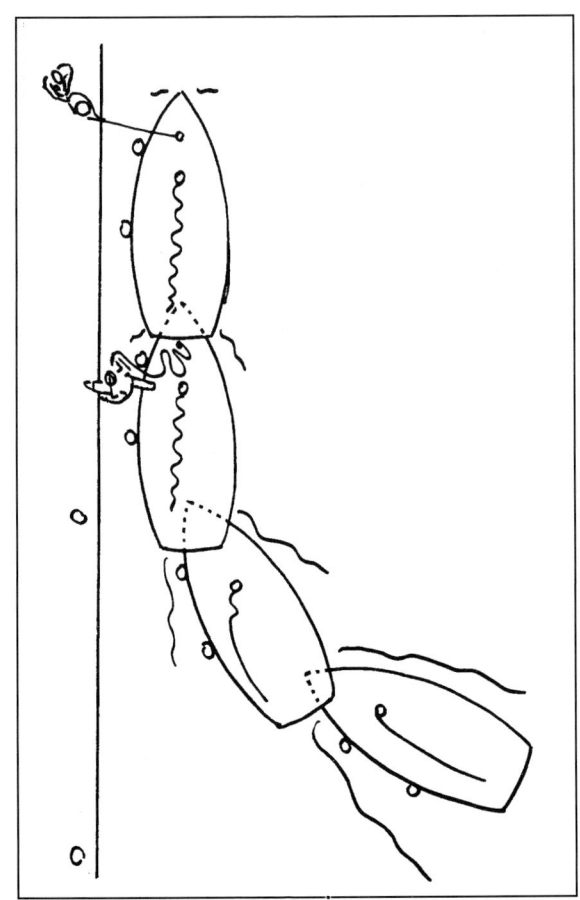

**Aufschießer
längsseit der Pier**

23

Segeln anlegen können. Das ist überall dort der Fall, wo der Wind parallel oder im spitzen Winkel zu einer langen Pier, einer Pfahlreihe oder einer Reihe von Pier- oder Päckchenliegern weht. Parallel zur Pier oder anderen Booten macht man einen Aufschießer oder segelt mit killenden Segeln langsam daran entlang. Derartige Möglichkeiten findet man in fast allen nicht zu kleinen Häfen. Auch die langen Pfahlreihen an den Schlengeln der größeren Marinas sind dafür geeignet.

Sobald die Fahrt beinahe ganz aus dem Schiff ist, drehen wir mit dem letzten Schwung an einen Pfahl oder eine andere Yacht und machen dort erst einmal fest. Alles andere sind Verhol- und Festmacharbeiten. Dazu später mehr.

Kurzgefaßt

Aufschießer längsseit der Pier oder an der Pfahlreihe entlang. Mit letzter Fahrt an die Pier oder den Pfahl heransteuern.

Leehäfen

Unangenehm sind in diesem Zusammenhang Leehäfen. Von viel Wind und Seegang getrieben, segelt man hinein und sieht schon, man hat sich verschätzt: Es ist gar kein Platz für einen Aufschießer oder ein sonstiges Manöver. Wenn man dann weder Heckanker noch Treibanker klar hat, womöglich sogar das Großsegel noch steht und in den Rutschern klemmt, kann man nur noch blitzschnell »suchen, wo 'was Billiges liegt«.

Deshalb rechne man schon zuvor mit diesen Möglichkeiten und bereite sich darauf vor.

Schon vor dem Hafen sollte man seine Geschwindigkeit soweit reduzieren, daß noch genug Fahrt zum sicheren Passieren der Einfahrt bleibt (möglichen Querstrom berücksichtigen), jedoch nicht mehr. Das heißt, man birgt das Groß bereits vorher und segelt nur mit den Vorsegeln, die auch vor dem Wind schnell geborgen werden können.

Angenommen, die schlimmste Erwartung bestätigt sich, und es bleibt auch im Hafen

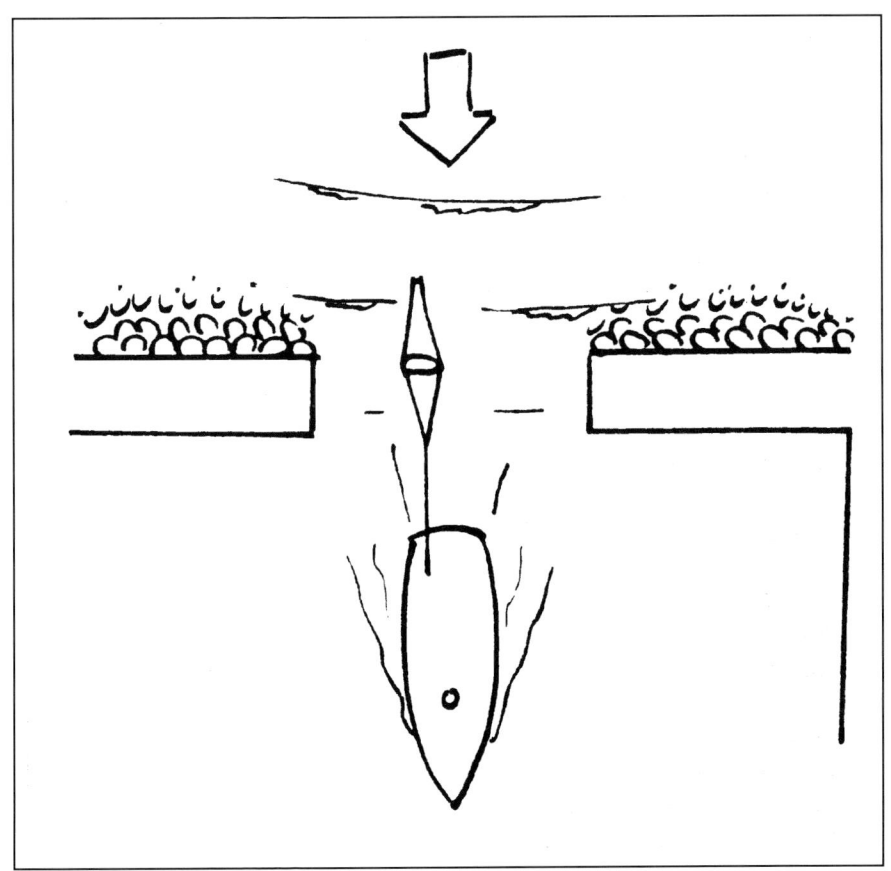

Im Leehafen Treibanker werfen

nur noch Platz nach Lee, so wirft man den Treibanker an kurzer, starker Leine über Bord. Der Treibanker wird das Boot binnen Sekunden auf Null abbremsen.

Man wartet damit natürlich, bis die Hafeneinfahrt passiert ist. Auch das Segel sollte schon unten sein. Wenn Platz ist, kann auch durch heftiges, wechselseitiges Ruderlegen die Fahrt weiter reduziert werden, ehe die Gewalt des Treibankers zum Einsatz kommt.

Die Treibankerleine muß mit mehreren Rundtörns um eine zuverlässige Klampe oder einen Poller gesichert sein. Der Zug wird beträchtlich sein. Dann gibt man langsam Lose in die Törns und fiert sich vom Treibanker dorthin, wo man hin möchte. Will man wieder abbremsen, muß man rechtzeitig festhalten, da der Treibanker seinen »Biß« im Wasser erst wieder aufbauen muß.

Sinngemäß verfährt man mit einem Heckanker. Befindet sich nur ein Buganker an Bord, muß er nach achtern gebracht und dort klar zum Fallen gemacht werden. Mit dem Buganker bei Vorausfahrt zu ankern, reißt das ganze Boot in einem Schlenker herum. Dort, wo das Boot hinschwenkt, muß Platz sein. Die unter dem Kiel steifkommende Kette kann auch Schäden am Boot verursachen. Nur im Notfall sollte dieses Manöver angewendet werden.

Kurzgefaßt

Vor Leehäfen Heckanker oder Treibanker klarmachen. (Das gilt bei viel Wind auch unter Maschine!)

Die erwähnten Beispiele haben die einfachen Prinzipien, um

die es beim Anlegen unter Segeln geht, verdeutlicht. Das wichtigste ist, rechtzeitig vor dem Anlegen Fahrt aus dem Schiff zu bekommen. Im Hafen der Wahl sollte außerdem reichlich Platz zum Aufschießen vorhanden sein. Außerdem sollte man sich durch Hilfsmittel wie Buganker, Heckanker, Treibanker (auf leichten Booten eine Pütz), Dinghi und Verholleine zusätzliche Möglichkeiten zum Manövrieren verschaffen.

Die Tatsache, daß viele Yachten heutzutage über manche dieser Hilfsmittel nicht verfügen, und sie deshalb vielen Skippern fremd sind, kann nicht Standard sein. Wer bereit ist, viel Geld für moderne Rettungs- und Sicherheitssysteme an Bord zu investieren, sollte nicht anfangen zu sparen, wenn es um eine seemännisch sinnvolle Grundausrüstung geht.

Die Kombinationsmöglichkeiten zwischen Windrichtung und -stärke, Stromrichtung und -stärke und Hafenbau sind unendlich. Entsprechend unendlich sind die Variationsmöglichkeiten von Hafenmanövern. Deshalb wollen wir gar nicht erst versuchen, Variationen von Hafenmanövern darzustellen. Wir wollen uns auf die Grundlagen beschränken. Mit deren Kenntnis und beispielsweise den Plänen im Hafenhandbuch kann sich jeder Skipper mit Papier und Bleistift selbst Manöversituationen ausdenken und sich überlegen, wie er wohl reagieren würde.

Doch geht man gut vorbereitet an ein Hafenmanöver unter Segeln heran, wird man selten Probleme haben.

Hafenmanöver unter Motor

Der leidige Run auf die letzten freien Liegeplätze beginnt in der Hochsaison bereits am frühen Nachmittag. Dann kann man beobachten, wie die Yachten aus allen Richtungen mit hoher Fahrt unter Maschine den Häfen zustreben, einerlei, aus welcher Richtung und mit welcher Stärke der Wind weht. Manchmal wird es dann eng in den Einfahrten, wenn mehrere Boote gleichzeitig ankommen. Bis unmittelbar vor die Pfahlreihen wird kaum Fahrt reduziert.

So entsteht bei manchen Skippern der »Autobahn-Abfahrt-Effekt«. Kurz vor den Liegeplätzen kuppeln sie die Maschine aus und meinen, sie fahren schon langsamer. Aber sie sind immer noch viel zu schnell. Mit dieser Geschwindigkeit suchen sie nach einer freien Box. Man kann nur hoffen, daß sie nicht gleich eine finden, damit sie inzwischen langsamer und berechenbarer werden.

Hat der »Autobahnskipper« – heute nicht wenige – die freie Box aber gleich gefunden, geht's mit Braßfahrt hinein – ein anderer könnte schneller sein. Dann voll rückwärts, das Heck schwingt unkontrolliert zur Seite (Schraubeneffekt). Es folgt das bekannte »Halt-ab!«-Gebrüll zur Gefährtin, dazu Leinenwuhling. Er schiebt hier, sie zieht da und schaut wütend zu ihm und wartet auf die nächsten Anweisungen. Das Boot treibt derweil diagonal in der Box, der Vorsteven schiebt sich mit leichtem Bums gegen die Schanz des Nachbarbootes. Wieder Gebrüll.

Aber man kann alles viel einfacher und gelassener haben. Und man vermeidet die vielsagenden, ironisch-verächtlichen Seitenblicke der Bollwerklöwen: »Natürlich – kommen aus ...! Hat'n Segelschein und spielt jetzt Kapitän.«

Kurzgefaßt

Schnell fahren im Hafen nur Anfänger!

Radeffekt oder Schraubendrall

Freud und Leid beim Manövrieren unter Maschine entsteht gleichermaßen durch den Schraubendrall. Durch die Drehbewegung der Schraube entsteht nicht nur ein Schub oder Zug in die Arbeitsrichtung, also voraus oder zurück, sondern die Schraube will auch immer in die Richtung, in die sie dreht – als wäre sie ein Rad, das Grundberührung hat, deshalb auch »Radeffekt«.

Die meisten Schiffsschrauben drehen bei Vorausfahrt von hinten gesehen rechtsherum. Gäbe man – was man normalerweise vermeidet – aus dem Leerlauf heraus sofort voll voraus, so würde die Schraube, noch ehe das Boot Fahrt aufnähme, das Heck nach rechts, nach Steuerbord drücken. Das Boot dreht also nach Backbord. Da der Schraubenstrom bei vernünftig konstruierten Booten aber über das Ruderblatt strömt, kann man diesen Drall durch leichtes Ruderlegen sofort im Keim ersticken.

Gibt man aus der Vorausfahrt abrupt voll rückwärts, bewegt die jetzt linksherum drehende Schraube das Heck nach Backbord der Bug dreht also nach Steuerbord. Dieser Drall läßt sich durch Ruderlegen nur solange ausgleichen, wie das Ruderblatt urch deutliche Fahrt voraus noch angeströmt wird. Sobald das Boot steht, wird das Heck durch den Schraubendrall nach Backbord und das ganze Boot deshalb nach Steuerbord drehen,

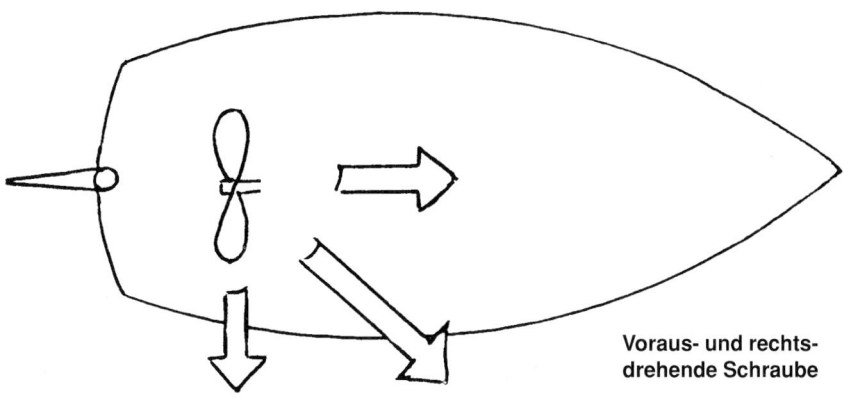

Voraus- und rechtsdrehende Schraube

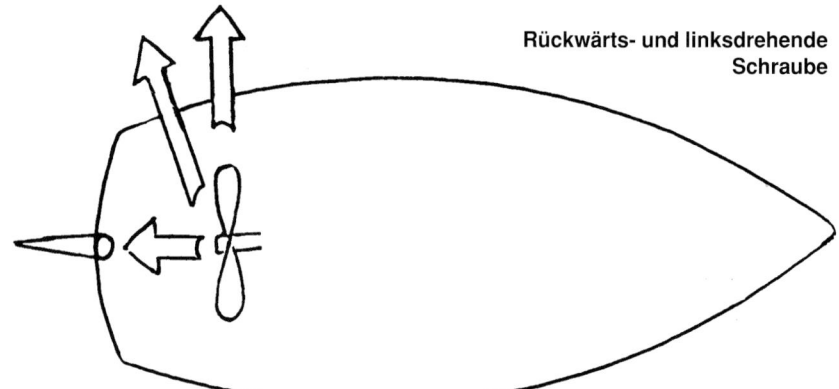

bis das Boot Fahrt achteraus aufgenommen hat, und das Ruder wieder zu wirken beginnt.

Bei Fahrt achteraus wird die Ruderwirkung jedoch so stark vom Schraubendrall überlagert, daß gerade Langkieler über den Achtersteven sehr schlecht zu steuern sind. Meist neigen sie dazu, mit dem Heck nach Backbord – in Richtung Schraubendrall – auszubrechen. Extreme Kurzkieler lassen sich dagegen oft gut achteraus steuern.

Kurzgefaßt

Die Schraube erzeugt eine seitliche Kraft, die das Heck in Drehrichtung der Schraube ablenken will. Bei Vorausfahrt wirkt das durch die Schraube angeströmte Ruder dem Radeffekt entgegen. Bei Rückwärtsfahrt hingegen kommt der Radeffekt voll zur Wirkung.

Vorteile des Radeffektes

Der Radeffekt hat nicht nur Nachteile. Er läßt sich beim Manövrieren auch gut ausnutzen. Das werden wir bei den folgenden Beispielen sehen. Dabei wollen wir davon ausgehen, daß die Schraube in Vorausfahrt rechtsherum dreht, rückwärts demnach linksherum.

Eigner von Yachten mit linksdrehenden Schrauben müssen in der Beschreibung einfach Backbord und Steuerbord vertauschen. Dann stimmt es für sie ebenfalls.

Vor jedem Festmachen müssen Wind und Strom genau beobachtet werden. Besonders bei großen Booten mit hohen Masten oder großen Aufbauten spielt der Wind beim Anlegen eine entscheidende Rolle. Doch auch geringer Strom wirkt meist stärker als selbst starker Wind. Strom berücksichtige man demnach zuallererst.

Pfähle und Boxen

Voraus in die Box

Heute machen kleine Yachten in Yachthäfen am häufigsten an Stegen und Pfählen fest. Einfach ist es, wenn man mit dem Vorsteven zum Steg festmachen will. Rechtzeitig genug vor der freien Box dreht man in möglichst weitem Bogen mit dem Bug in die Box hinein. Dabei fährt man mit möglichst geringer Geschwindigkeit, so daß man nicht unnötig durch Rückwärtsfahrt aufstoppen muß. Muß man dennoch Rückwärts geben, so lege man gleichzeitig leicht Backbordruder. Damit gleicht man den Radeffekt aus, der das Heck nach Backbord versetzt – es sei denn, man beabsichtigt das.

Beim langsamen Hineinfahren zwischen die Pfähle legt man die durch einen Palstek entstandenen großen Augen der Achterleinen über die Pfahlköpfe. Stehen die Pfähle zu weit auseinander oder ist man auf dem Achterdeck allein, so legt man zuerst einmal nur die Luvleine über den Pfahl. Die Fender werden erst außenbords gehängt, wenn das Boot zwischen den Pfählen hindurch ist. Sonst bleibt man leicht mit den Fendern an den Pfählen hängen.

Während das Boot ausgekuppelt langsam weiter auf den Steg zugleitet, nimmt man einen Rundtörn um die Heckklampe. Damit stoppt man das Boot ab, so daß der Vorsteven den Steg nicht berührt. Jetzt kann der Mann/die Frau auf dem Vorschiff auf den Steg springen und die Vorleinen festmachen. Ist man allein, stoppt man gleichfalls mit der Achterleine ab, kuppelt aber im Beinaheleerlauf voraus ein und belegt die Achterleine. Nun hält die langsam vorausdrehende Schraube die Achterleine stramm und den Bug in der Nähe des Steges. Jetzt kann man in aller Ruhe nach vorn gehen und die Vorleinen belegen. Muß man noch eine zweite Achterleine ausbringen, fiert man die Vorleine(n) auf und holt sich an der Achterleine zurück zu den Pfählen.

Oft sind von den abwesenden Eignern der Boxenplätze zwischen Pfahl und Steg Strecktaue angebracht. Daran kann man sich entlangholen und das Anlegen so noch erleichtern.

Kurzgefaßt

Langsam fahren, luvseitige Achterleine fest, Rundtörn um die Klampe und mitstecken. Fender raus, mit Achterleine aufstoppen, Vorleine fest ... Der Rest ergibt sich von selbst.

Achteraus in die Box

Zieht man es vor, mit dem Heck an den Steg zu gehen, kann man leicht folgendermaßen ver-fahren. Je nach Windrichtung legt man sich an den luvwärtigen Pfahl, so daß das Heck in die Einfahrt zum Boxenplatz ragt. Die künftige luvwärtige Vorleine belegt man zunächst als Achterspring. Sobald man achteraus und in die Achterspring hineindampft, wird sich das Heck in die Box hineindrehen.

Sobald das Boot parallel in der Box liegt, gibt man der Spring Lose. Das Boot nimmt mit der weiterlaufenden Maschine Fahrt über den Achtersteven auf, die Achterspring wird außen um die Wanten nach vorn gegeben und dient nun als Vorleine. Langsam wird die neue Vorleine mitgesteckt, während die Rich-

Hineindrehen in die Box über die Achterspring

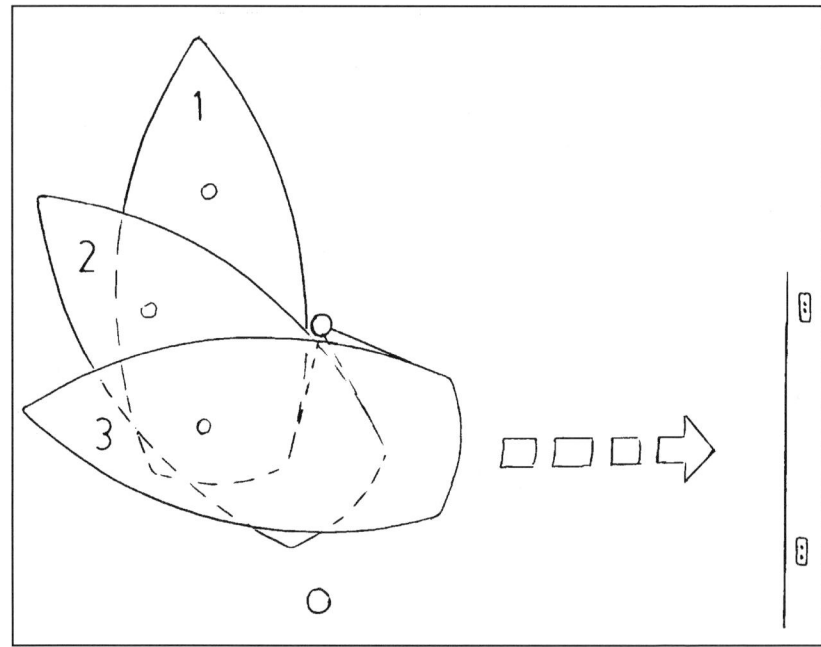

tung des Hecks durch Ruder und kurze Vorausstöße der Maschine oder durch Halten an den Strecktauen oder an den Nachbarbooten korrigiert wird. Das Heck wird durch den Schraubendrall nach der Backbordseite streben. Das Abtreiben des Bugs und zu schnelles Achterausfahren wird durch die Vorleine kontrolliert. Wenn man noch keine zweite Vorleine ausgebracht hat, verholt man sich nach dem Festmachen der Achterleinen noch einmal nach vorn.

Kurzgefaßt

An den Luvpfahl, künftige Vorleine als Achterspring, rückwärts eindampfen. Sobald Heck in der Box, Achterspring lose, nach vorn geben, als Vorleine mitfieren, kurz vorm Steg festhalten, Achterleine fest... Rest ergibt sich.

Drehen in der »Pollerallee«

Unerfahrene Skipper haben oft Scheu, auf der Suche nach einem Liegeplatz in eine lange »Pollerallee« einzubiegen. Sie wissen nicht recht, wie sie dort wieder herauskommen sollen, wenn sie keinen Liegeplatz gefunden haben. Denn viele Liegeplätze, die von weitem frei erscheinen, zeigen aus der Nähe durch ein rotes Schild an, daß der Eigner beabsichtigt, in absehbarer Zeit zurückzukommen.

Das Drehen zwischen Pfahlreihen ist aber denkbar einfach, auch wenn die »Allee« kaum mehr als eine Schiffslänge breit ist. Man läuft langsamste Fahrt. Vor dem Andrehen geht man ein Stück auf die Backbordseite der »Allee« – nicht zu weit, sonst schwingt das Heck beim Andrehen gegen einen Pfahl – und dreht dann hart Steuerbord. Dann kuppelt man aus. Sobald klar wird, daß der Platz zum Drehen nicht reicht, gibt man rückwärts. Dabei bleibt das Ruder hart Steuerbord gelegt. Sobald das Boot steht und beginnt, sich rückwärts zu bewegen, gibt man wieder voraus. Ob man dabei volle Kraft legt, liegt an Wind, Strom, Schiffsgröße und an der Kraft der Maschine. Wenn volle Kraft nicht nötig ist, vor allem bei kleinen und mittleren Yachten, schonen wir Nerven und Getriebe.

Nach wenigen Wechseln zwischen Maschine voraus und zu-

Drehen des Bootes mit Vorwärts- und Rückwärtsgang

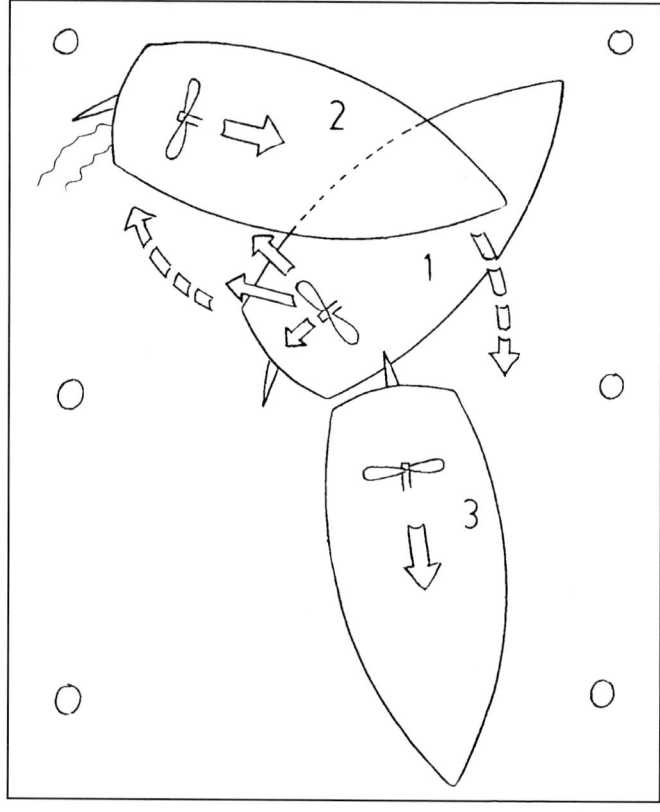

rück wird sich das Boot auf engem Raum um 180 Grad gedreht haben, egal ob Langkieler oder Kurzkieler.

Kurzgefaßt

Langsam an die Backbordseite der »Allee«, hart Steuerbord und Ruder so liegen lassen. Maschine rückwärts bis Boot steht, vorwärts bis Boot andreht, rückwärts bis Boot wieder steht, vorwärts und so weiter bis die Drehung vollendet ist.

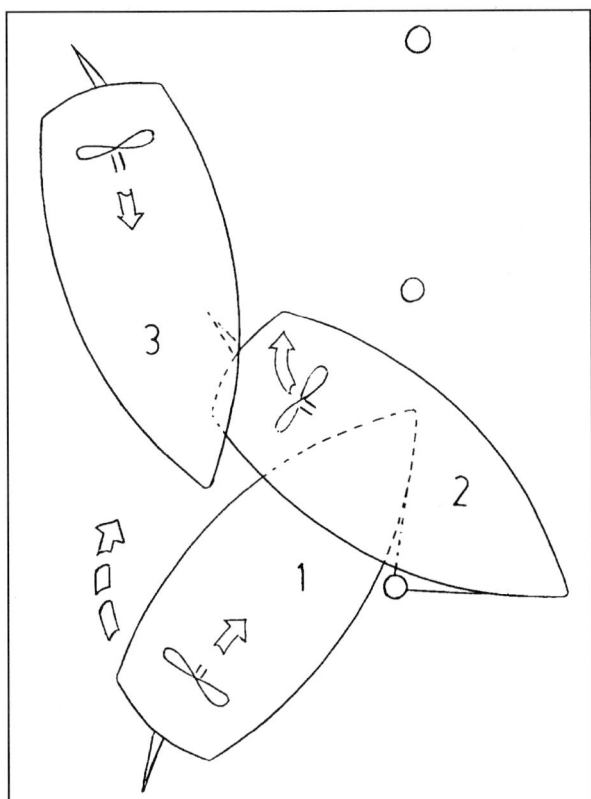

Drehen mittels Spring

Erscheint einem der Platz zum Drehen unter Maschine zu eng (lieber vorsichtig sein!), kann man sich nervenschonend auch anders behelfen. Man arbeitet mit Springs.

An der Steuerbordseite sucht man sich einen Pfahl, hinter dem ein kürzeres Boot liegt, so daß man mit dem Bug ein Stück in die Box hineinfahren kann. Dort legt man nur mit der Steuerbord-Vorspring an. In die »dampft« man nun sachte mit Steuerbordruder ein. Dabei wird sich das Boot ganz von selbst um den Pfahl herumdrehen. Die Stelle, wo es gegen den Pfahl liegt, sollte man natürlich gut abfendern.

Hat sich das Boot weit genug gedreht, stoppt man, löst die Spring und zieht das Boot mit Ruder Backbord und Rückwärtsfahrt von den Pfählen

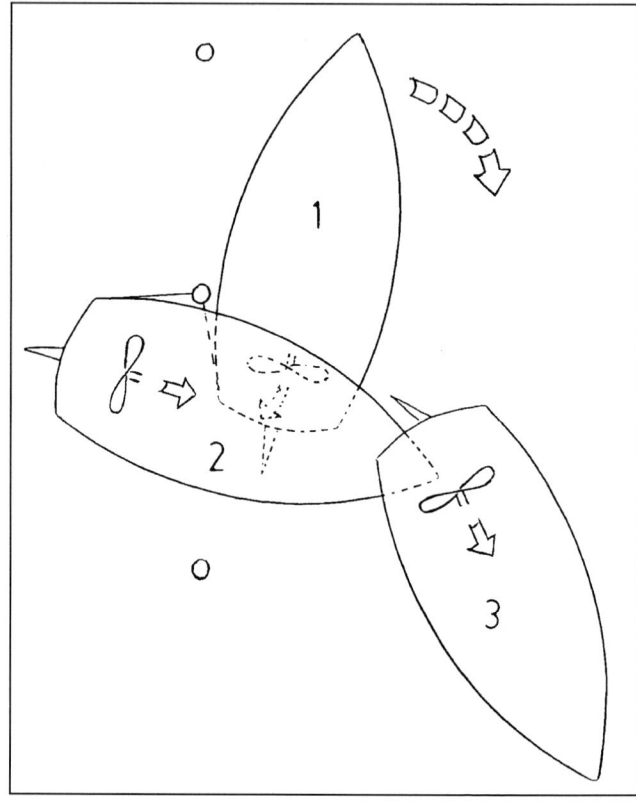

weg. Dabei wird der Schraubendrall das Boot noch weiter herumdrehen. Wenn wir jetzt das Ruder Steuerbord legen und langsam voraus geben, hat das Boot seine 180-Grad-Drehung vollendet.

Kurzgefaßt

Pfahl an Steuerbord, Vorspring fest, eindampfen, bis Vorsteven in der Box, hart Backbord Ruder, rückwärts herausziehen, voraus geben und gleichzeitig Ruder hart Steuerbord.

Man kann sich ebenso einfach auch an einen Backbordpfahl legen und in die Achterspring eindampfen, bis der Vorsteven rechtwinklig ins Fahrwasser ragt. Dann macht man los und vollendet mit Maschine voraus und Hart-Steuerbord-Ruder die Drehung.

Quer vor den Pfählen liegen

Wenn sich zwischen den Pfahlreihen kein freier Liegeplatz mehr findet, spricht nichts dagegen, sich einfach quer vor oder zwischen die Pfähle zu legen. Vielleicht wird bald doch noch ein Platz in der Nähe frei oder der Hafenmeister weist einem einen freien Platz in einem anderen Hafenbecken zu.

Dabei sollte man sich zwei Pfähle vor einer größeren Yacht aussuchen, die mit Bug oder Heck möglichst nahe an die Pfähle heranreicht. Sie dient uns dann als bequeme Landverbindung. Dabei wahrt man selbstverständlich größtmögliche Rücksicht und Takt – genauso, als wäre man längsseit gegangen. Sonst nimmt man das Dinghi – so man eines hat. Wenn die Yacht in der betreffenden Box ihrerseits selbst auslaufen will, umso besser. Dann wird der Platz frei.

Kurzgefaßt

Zur Not einfach quer vor den Pfählen festmachen und die in der Box liegende Yacht als Landverbindung nutzen.

Festmachen am Kai und längsseit

Sobald wir an einem Kai oder an anderen Booten längsseit festmachen wollen, müssen wir mit dem Schraubendrall der Maschine besonders rechnen. Legen wir mit der Backbordseite an, kommt er uns sogar besonders zustatten.

Backbordseite Landseite

Will man mit der Backbordseite festmachen, fährt man langsam(!) im Winkel von etwa 20 bis 30 Grad an den Liegeplatz heran. Bevor man ihn erreicht hat, gibt man kurz und kräftig rückwärts. Dabei stoppt das Boot und dreht mit dem Heck an die Pier. Ruderlegen ist dabei meist nicht nötig. Im Idealfall bleibt das Boot dann parallel zur Pier mit einem halben Meter Abstand liegen. Aber das ist gar nicht so wichtig. Hauptsache, man kann übersteigen oder eine Leine hinübergeben.

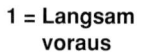

1 = Langsam
    voraus
2 = Leerlauf
3 = Rückwärts

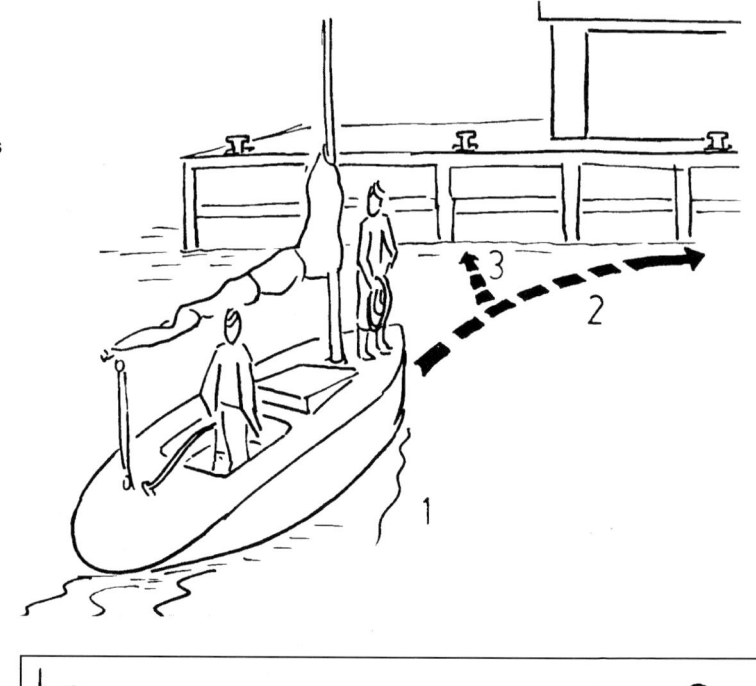

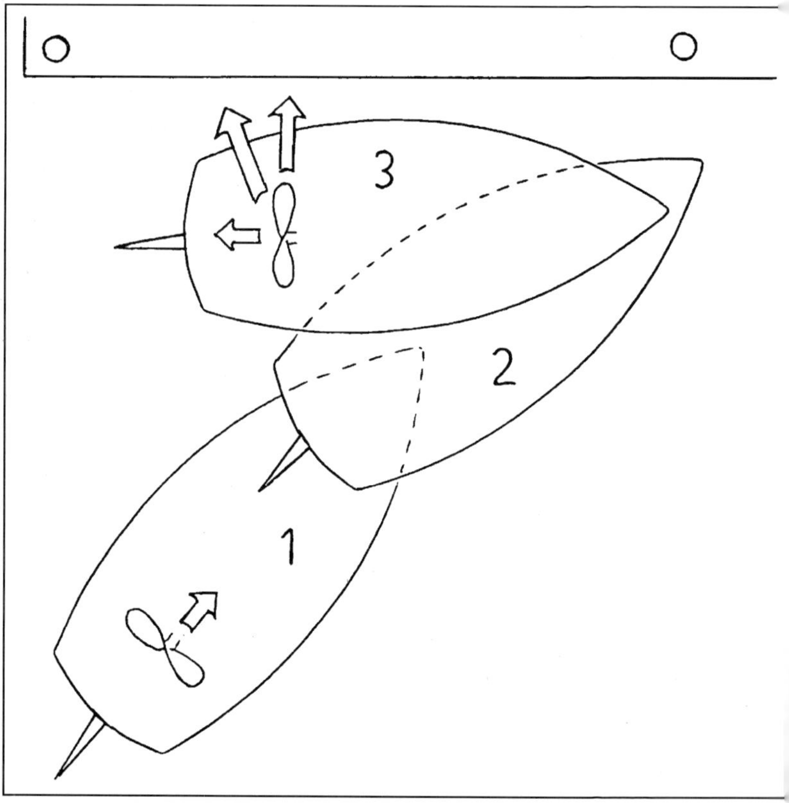

1 = Langsam
    voraus
2 = Leerlauf
3 = Rückwärts

38

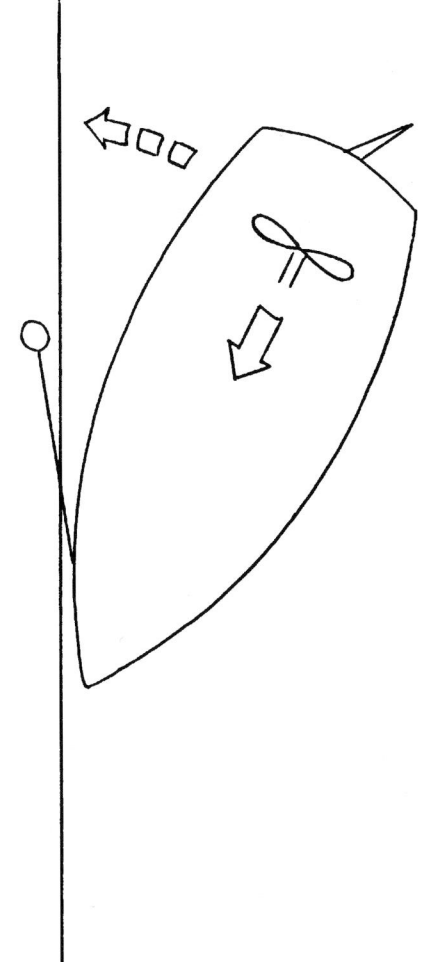

Jetzt machen wir entweder die Vorspring oder die Achterleine zuerst fest. Bei sehr starkem Wind von vorn zuerst eine Vorleine und dann die Vorspring. Dabei können wir uns dennoch Zeit lassen. Wenn das Boot schräg treibt, bringen wir es mit der Maschine wieder sanft parallel zur Pier. Dazu dampfen wir einfach mit Steuerbordruder sachte in die Vorspring ein.

Wenn der Wind nicht sehr stark von vorn weht, ist es einfacher, zuerst mit der Achterleine festzumachen, vor allem, wenn man nur wenige Helfer hat oder gar allein segelt. Sobald die Leine fest ist, geben wir sachte voraus und dampfen in die festgemachte Achterleine. Dabei können wir durch Ruderlegen den Winkel des Bootes zur Pier zusätzlich beeinflussen. Natürlich müssen wir beim Eindampfen die Bordwand gegen die Pier abfendern. Das versteht sich von selbst.

Steht ablandiger Wind, so lassen wir die Maschine bei festgemachter kurzer Achterleine langsam weiterlaufen. So bleibt das Boot auf Position, bis alle Leinen fest sind.

Eindampfen in die Vorspring

Eindampfen in die Achterleine

Auch bei kräftigem ablandigem Wind bringt das Eindampfen in Vorspring oder Achterleine das Boot zuverlässig an die Pier. Bei starkem Wind und großem Windfang sollte die Achterleine dann aber möglichst kurz sein. Sonst reicht der Hebel unter Umständen nicht aus.

Nur mit Maschine und Achterleine kann ein Mann allein auch eine sehr große Yacht problemlos überall längsseit festmachen.

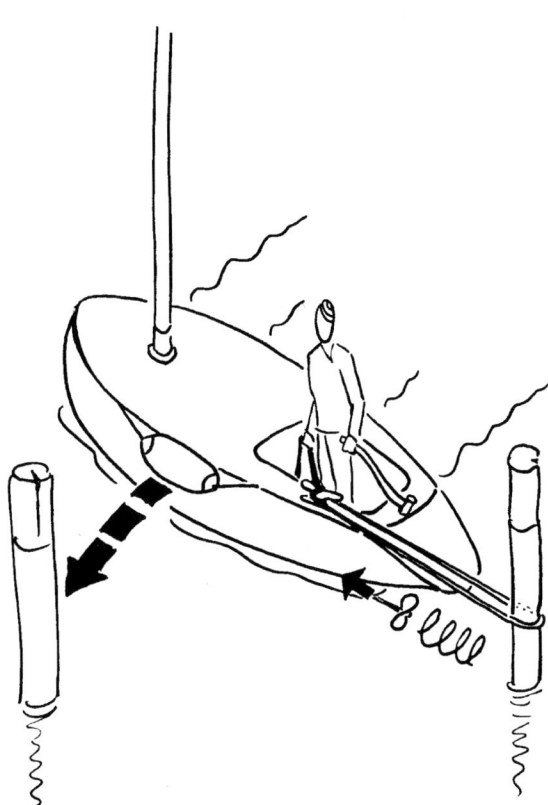

Nur mit Maschine und Achterleine können die verschiedensten Manöver gefahren werden

Hilfreich ist natürlich, wenn ihm jemand die Leine annimmt.

Kurzgefaßt

Im Winkel von 20 bis 30 Grad an die Pier heran. Kurz und kräftig rückwärts. Boot stoppt und legt sich parallel. Entweder Vorspring zuerst festmachen und mit Steuerbordruder eindampfen oder Achterleine zuerst und eindampfen.

Steuerbordseite Landseite

Mit Vorspring oder Achterleine kann man genausogut auch an der Steuerbordseite festmachen. Dabei müssen wir uns dem Liegeplatz aber in einem möglichst spitzen Winkel nähern. Hier sollten wir noch langsamer fahren, damit wir nicht stark aufstoppen müssen. Denn sobald wir rückwärts geben, dreht das Heck nach Backbord, also von der Pier weg. Deshalb schon etwas frü-

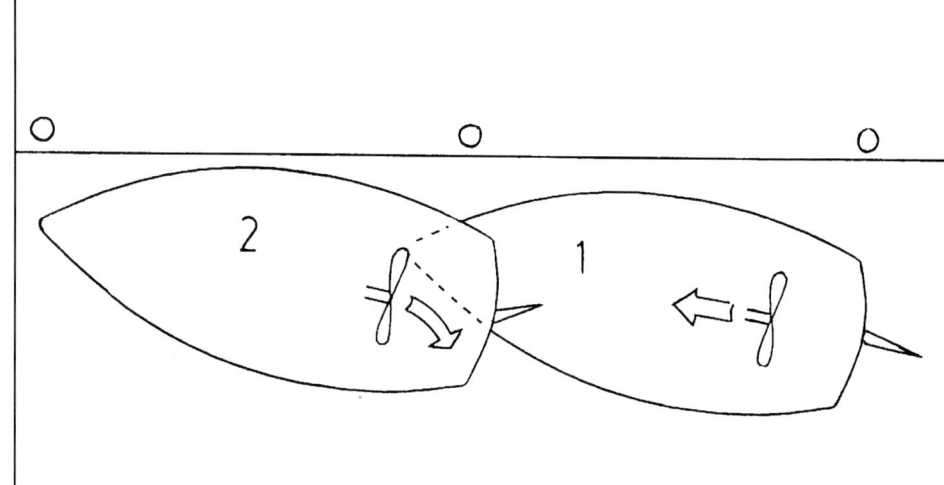

Mit langsam rückwärts drehender Schraube aufstoppen und gegensteuern

her und nur sehr langsam rückwärts aufstoppen, damit das Boot noch länger Fahrt voraus macht und Ruderwirkung behält, und wir es bei schon rückwärts drehender Schraube mit dem Heck noch näher an die Pier heransteuern können.

Wenn wir aber ein Stück von der Pier entfernt zum Stehen kommen, ist das kein Unglück. Hart Backbord Ruder und ein Gasstoß voraus bringen das Heck an die Pier. Jetzt machen wir die Achterleine fest und bringen das Boot mit sanftem Eindampfen in die Achterleine parallel zur Pier.

Kurzgefaßt

In sehr spitzem Winkel zur Pier ansteuern, frühzeitig langsam rückwärts geben, um vor dem Aufstoppen bei Vorausfahrt noch weiter an die Pier heransteuern zu können.

Wir können natürlich auch mit dem Vorsteven einfach schräg an die Pier heranfahren und die Vorspring festmachen. Nur wird beim Abstoppen die rückwärts drehende Schraube das Boot

42

in einen ziemlich großen Winkel zur Pier gebracht haben. Wenn wir den Bug gut abfendern, ist das kein Problem. Dann dampfen wir mit Backbordruder in die Vorspring ein und drehen das Boot parallel zur Pier.

Kurzgefaßt

Mit dem Vorsteven an die Pier. Vorspring ausbringen, mit Backbordruder in Vorspring eindampfen.

Festmachen in engen Lücken

Mit der Vorspring können wir auch arbeiten, wenn zwischen zwei Pierliegern nur wenig Platz ist, gerade genug für unser Boot. Wie gehabt fahren wir mit dem Vorsteven an die Pier heran und dampfen in die Vorspring ein, um das Boot parallel zu bringen.

In dieser Situation kann man auch mit der Backbordseite und dem Heck zuerst anlegen. Unterstützt vom Schraubendrall manövriert man sich mit dem Heck zuerst in die Lücke hinein. Dann macht man die Achterleine fest und dampft hinein, bis das Boot parallel liegt.

Kurzgefaßt

Mit Hilfe von Vorspring oder Achterleine kann man auch in engen Lücken festmachen.

Strom an der Pier

Leichter Strom parallel zur Pier erleichtert das Festmachen. Dabei muß der Liegeplatz allerdings gegen den Strom angesteuert werden. Auf der Höhe des Liegeplatzes reduzieren wir die Fahrt, bis sie gleich der Stromgeschwindigkeit ist. Jetzt können wir uns durch leichtes Ruderlegen querschiffs auf den Liegeplatz zubewegen, indem wir den Strom *totdampfen*. Auch in enge Lücken kommt man so gut hinein. Aber eine Hand sollte sich stets am Gashebel befinden: Die Stromgeschwindigkeit kann sich in Piernähe stark ändern.

**Durch Totdamp-
fen des Stromes
an den Liegeplatz
manövrieren**

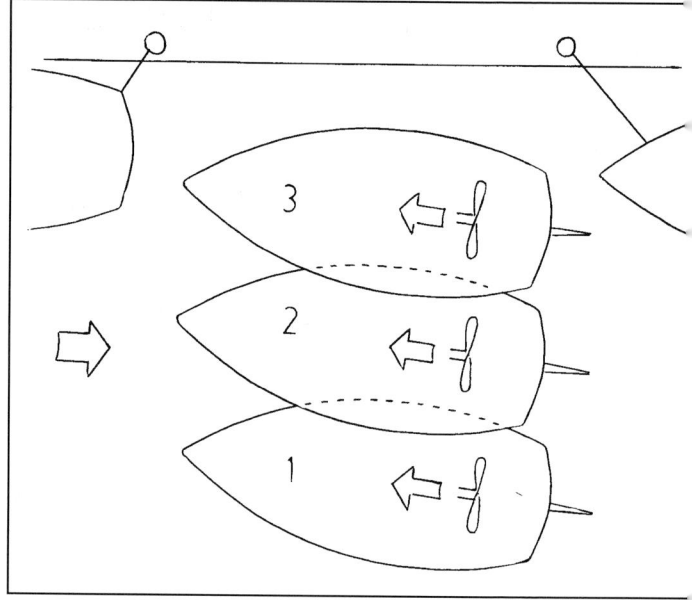

Kurzgefaßt

Bei Gegenstrom läßt man sich mit genau dem Strom entsprechender Fahrt quer in die Lükke hineinversetzen.

Auflandiger Wind am Kai

Wenn starker Wind auf den Kaiplatz drückt, wird das Boot schon ein, zwei Meter von der Pier entfernt und parallel zur Spundwand zum Stehen gebracht. Nun wird der Wind das Boot ganz von selbst auf sei-

nen Liegeplatz drücken. Bei Booten, bei denen das Vorschiff besonders schnell abtreibt, sollte man so aber nur mit der Backbordseite anlegen. Dann kann man mit Steuerbordruder und Vor- und Rückwärtsgang das Heck des quertreibenden Bootes nach Lee nachkorrigieren. So kann man das Boot parallel halten und auch nach voraus oder zurück korrigieren.

Bei auflandigem Wind und mit der Steuerbordseite als Landseite hingegen wird der Rückwärtsgang das Schwenken des Bugs nach Lee und gegen die Kaimauer beschleunigen. Es bliebe nur Backbordruder und der Vorwärtsgang als Korrekturmöglichkeit – zu wenig in diesem Falle.

Muß man bei stark auflandigem Wind mit der Steuerbordseite anlegen, geht man daher besser mit dem gut abgefenderten Bug vorsichtig senkrecht an die Pier heran. Sobald der Vorsteven an der Pier gegenliegt, wird eine Vorspring nach Steuerbord ausgebracht. Außerdem müssen die Bugseite und die Schiffsmitte gut abgefendert werden.

Mit langsam voraus und hart Backbordruder dreht nun das Boot in die Vorspring hinein. Dann kuppelt man aus. Den Rest besorgt der Wind. Sobald der Rumpf von der Seite mehr Windwiderstand bietet, wird er immer schneller gegen die Pier drehen wollen. Das läßt sich leicht durch etwas Steuerbordruder gegen die langsam in die Vorspring dampfende Schraube verhindern.

Kurzgefaßt

Bei stark auflandigem Wind anlegen mit Backbordseite: Etwas von der Pier ab und parallel längsseit gehen.

Mit Steuerbordseite: Vorsteven vorsichtig gegen Pier legen, Steuerbord-Vorspring ausbringen und mit Vorausfahrt und Ruder kontrolliert anklappen lassen.

Zwischen Anker und Pier

Anlegen mit Buganker

Im Mittelmeer liegt man oft vor Buganker mit dem Heck an der Pier. Man bezeichnet diese Art zu liegen gern als »römisch-katholisch« oder »italienisch«. Das Festmachen auf diese Weise ist gewöhnungsbedürftig, aber viele tausend Yachtsegler verfahren danach. Der Ankergrund in den meisten Mittelmeerhäfen ist schlammig und gut. Das muß er auch sein. Der Anker muß halten, damit das unmittelbar an der Pier liegende Heck bei Schwell nicht gegen die Kaimauer schlagen kann und dort beschädigt wird.

Man verfährt folgendermaßen: Auf Höhe des künftigen Liegeplatzes wird möglichst weit weg von der Pier geankert. An der Richtung, in der die Ankerketten der Nachbarboote liegen, läßt sich etwa abschätzen, wo der eigene Anker ausgelegt werden sollte, ohne mit anderen Ankerketten unklar zu kommen. Trotzdem kommt das am Mittelmeer häufig vor. Dann steckt man ausreichend Kette und manövriert rückwärts zu dem freien Liegeplatz. Man erinnere sich, daß die rückwärts drehende Schraube das Heck nach Backbord dreht. Je nach Windrichtung und Manövriereigenschaft des Bootes über den Achtersteven wird man die Richtung wiederholt durch kurzes Vorausgehen mit der Maschine und entsprechendes Ruderlegen korrigieren müssen.

Sobald nach dem Ankern genug Kette gesteckt ist, hält man die Kette zwischendurch fest und zieht den Anker durch

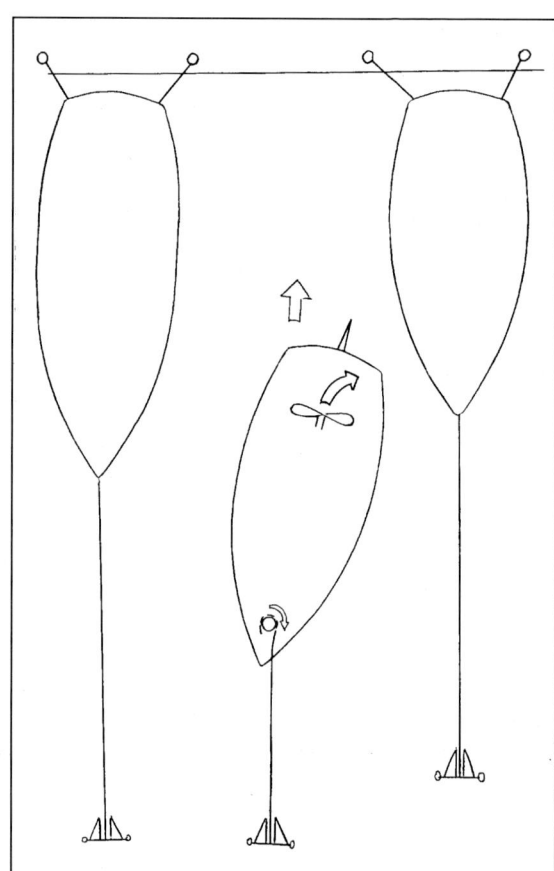

**Festmachen
mit Buganker und
Heckleinen**

46

Rückwärtsfahrt kräftig in den Grund.

Das muß geschehen, bevor man an der Pier liegt. Denn nach dem Festmachen der Achterleinen wird die Ankerkette steif durchgeholt, damit das Heck bei Schwell nicht gegen die Kaimauer schlägt. Jetzt sollte sich möglichst nicht herausstellen, daß der Anker nicht hält.

Bei schlechtem Wetter fiert man die Achterleinen und holt die Lose der Kette entsprechend durch, um mehr Abstand von der Pier zu bekommen und um die Achterleinen zu entlasten. Zusätzlich kann man die Maschine vorauslaufen lassen, um den Anker zu entlasten.

Kurzgefaßt

Auf Höhe des künftigen Liegeplatzes ankern, Kette stecken und rückwärts an den Liegeplatz ziehen. Zwischendurch Anker in den Grund fahren. Achterleinen fest, Kette durchholen.

Anlegen mit Heckanker

In Nordeuropa wird auch gern mit dem Heckanker geankert und mit den Vorleinen festgemacht. Diese Methode ist einfacher, aber bei Schwell und Schlechtwetter weniger zu empfehlen, besonders wenn der Heckanker, wie üblich, kleiner als der Buganker ist. Außerdem ist das Heck nachher dem offenen Wasser zugewandt, und der Anker läßt sich durch die Maschine schlechter entlasten, denn der Strom der rückwärtslaufenden Schraube wirkt durch das fehlende Ruderblatt nicht so zielgerichtet wie bei vorwärtslaufender Schraube.

Um nicht im Hafen ankern zu müssen, werden in manchen Häfen *Festmachertonnen* zur Verfügung gestellt. Sie liegen in einem bestimmten Abstand zur Pier, und man liegt an ihnen ebenso wie vor Bug- oder Heckanker. Schwere Yachten sollten sich aber über die Haltekraft des Grundgeschirrs informieren. Anstatt zu ankern macht man eine lange, kräftige Leine am Bojenring fest. Anschließend manövriert man so wie beschrieben.

Kurzgefaßt

An Bojenring festmachen, Leine stecken und rückwärts an den Liegeplatz ziehen. Achterleine fest, Vorleine durchholen.

47

Liegt man aus irgendeinem Grund unbefriedigend, wird man den Liegeplatz des Bootes verändern wollen. Man kann natürlich ganz loswerfen und an anderer Stelle noch einmal neu festmachen. Aber häufig scheint dieser Aufwand nicht gerechtfertigt.

Es wären zahllose Variationen des Verholens denkbar. Hier sollen einige Grundbeispiele gezeigt werden, die der Skipper in immer neuen Kombinationen anwenden kann.

Treideln von Hand

Treideln ist das Verholen eines Fahrzeuges längsschiffs an einer Pier. Dabei kommt es darauf an, die Fahrt durch Leinenverbindung zur Pier jederzeit kontrollieren und abstoppen zu können. Der Versuch, einfach alles loszuwerfen und das Boot nur an der Vorleine weiterzuziehen, würde das Boot außer Kontrolle geraten lassen. Deshalb sollte mindestens eine zweite Person am Ruder stehen, um das Boot parallel zur Pier zu steuern und das Fahrzeug mit Bootshaken und Fendern von der Spundwand abzuhalten.

Bei schweren Booten muß eine dritte Person von Land aus die Achterleine bedienen. Dabei folgt sie dem Boot mit der lose aufgeschossenen Achterleine und bewegt sich gezielt von Poller zu Poller, um dort sofort Törns überzuwerfen und das Boot abzustoppen, falls das Boot zu schnell oder zu weit abtreiben sollte.

Bei leichteren Booten und ruhigem Wetter reichen zwei Leute, einer an Land und einer an Bord. Hat das Boot seine Position erreicht oder soll es zwischendurch abgestoppt werden, muß die Vorleine schnell an einem Poller oder Ring belegt werden. Dann eilt der Mann (oder die Frau) an Land schnell nach achtern und nimmt die herübergeworfene Achterleine an und belegt sie. Ist das Boot vorn und achtern gesichert, können in aller Ruhe die Leinen von Bord aus verkürzt und Springs gesetzt werden.

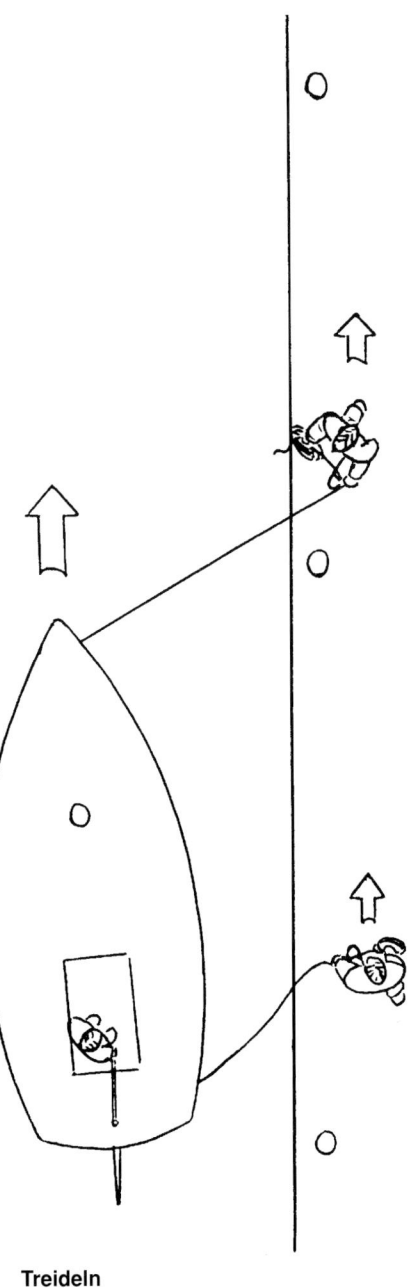

Bei reichlich Crew werden idealerweise gleichzeitig bedient: Vor- und Achterleine, Ruder und Fender.

Oft ist einfacher, anstatt zu treideln unter Maschine ein Stück weiterzuverholen. Je nach Windrichtung und Stärke kann es sinnvoll sein, daß dann eine Person mit der Vor- oder Achterleine an Land mitgeht, so daß die Leinenverbindung mit Land bestehen bleibt.

Kurzgefaßt

Beim Treideln sollte mindestens eine Person an Bord bleiben, um die Kontrolle über das Boot zu behalten.

Drehen an der Pier
Von Hand

Oft stellt man fest, daß das Boot falschherum liegt. Schwell steht in den Hafen und klatscht ständig unters Heck, Wind und Regen drücken in den Niedergang oder man möchte aus anderen Gründen drehen. Bei Wind mit ablandiger Komponente ist das kein Problem. Je nach-

Treideln

dem, ob man das Boot über Bug oder Heck dreht, muß dort gut abgefendert werden. Der Wind wird das Manöver unterstützen.

Man bereitet das Manöver vor, indem man eine lange Vor- oder Achterleine auf der Wasserseite anbringt und auf die Pier zu der Seite gibt, nach der das Boot gedreht werden soll. Diese Leine wird also zunächst wie eine Spring wirken. Dann wirft man alle Leinen los, bis auf die kurze Vor- oder Achterleine, um die das Boot gedreht wird. Diese Leine sollte idealerweise genau in der Mitte des Stevens befestigt sein. Das Boot treibt von selbst mit seinem losgeworfenen Ende von der Pier ab und wird weiter herumgezogen, sobald die auf der Wasserseite ausge-brachte lange Leine einen ausreichend großen Winkel bildet.

Das Boot muß überall, wo es gegen die Pier stoßen kann, gut abgefendert werden. Mehrere Helfer sind sehr wünschenswert.

Wenn der Wind besonders stark in der beabsichtigten Drehrichtung weht, sollte man jedoch bei großen, schweren Booten von diesem Manöver Abstand nehmen. Der herumklappende Steven (Bug oder Heck) könnte schwer gegen die Pier schlagen. Bei stark auflandigem Wind sollte man deshalb bei schweren Fahrzeugen nach Möglichkeit ebenfalls auf das Drehen verzichten. Andernfalls muß man den Vor- oder Achtersteven sehr sorgfältig abfendern.

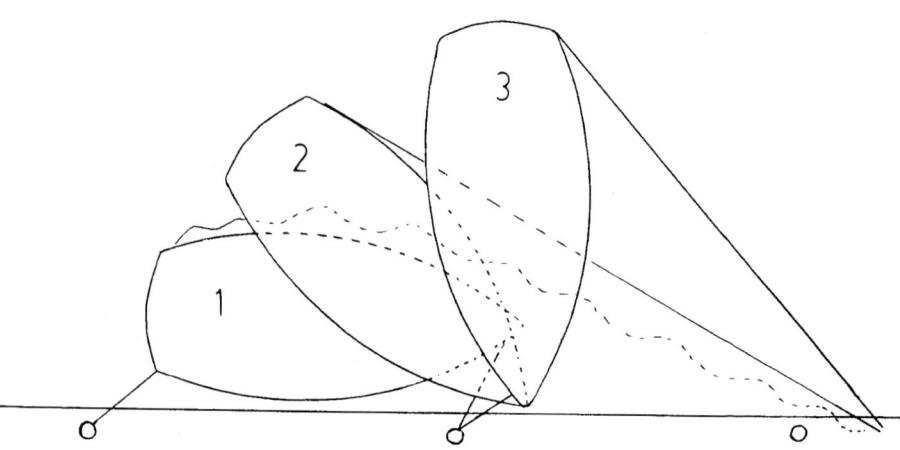

Drehen mittels Verholleine über den Vorsteven

Oft wird es bei auflandigem Wind auch nicht mehr möglich sein, das Boot weit genug mit Bootshaken oder Spieren abzusetzen, so daß die wasserseitige Leine einen ausreichend effektiven Winkel bilden kann, um die weitere Arbeit zu übernehmen.

Kurzgefaßt

Beim Drehen an der Pier muß vor allem der Vor- beziehungsweise Achtersteven gut abgefendert werden. Dann: Lange Leine zum Herumholen an der Wasserseite ausbringen, losmachen bis auf die Leine am Steven. Danach Fahrzeug am anderen Ende absetzen und herumholen, sobald die Leine an der Wasserseite einen effektiven Winkel bildet.

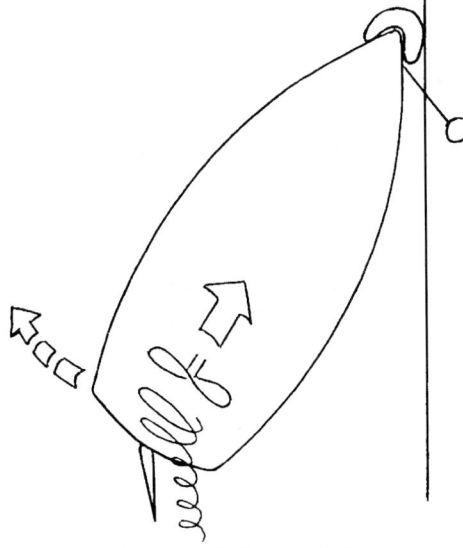

Drehen an der Pier mit Vorausfahrt über den Vorsteven

Drehen an der Pier unter Maschine

Unter Maschine kann ein Schiff mit Vorausfahrt über den festgemachten Vorsteven immer und durch einfaches Ruderlegen auch sehr dosiert gedreht werden – auch bei starkem auflandigem Wind. Es ist nur die Frage, wieweit der Vorsteven sicher durch Fender gegen den starken Druck und das Arbeiten auf der Spundwand geschützt werden kann. Bei Booten mit nicht einholbarem Klüverbaum oder mit ungünstig geformten langen Überhängen kann sich dieses Manöver unter Umständen verbieten.

Weiterhin gibt es die Möglichkeit, das Boot über den festgemachten Vorsteven nur mit Rückwärtsfahrt zu drehen. Das geht freilich nur in Richtung des Radeffektes der rückwärtslaufenden Schraube. Bei unserem Beispiel der voraus rechtsdrehenden Schraube wäre demnach die Steuerbordseite Landseite, und nun soll es die Backbordseite werden. Man macht dazu die Vorleine möglichst kurz und mittig fest, nimmt alle anderen Leinen los und läßt nun einfach die Maschine solange rückwärts laufen, bis sie das Heck und damit das ganze Boot einmal um 180 Grad an der kurzen Vorleine herumgeschwenkt hat.

Kurzgefaßt

Einfach Vorleine festbehalten und mit laufendem Rückwärtsgang Boot in Richtung des Schraubendralles herumdrehen lassen.

**Erst längsseit gehen,
dann in die Lücke verholen**

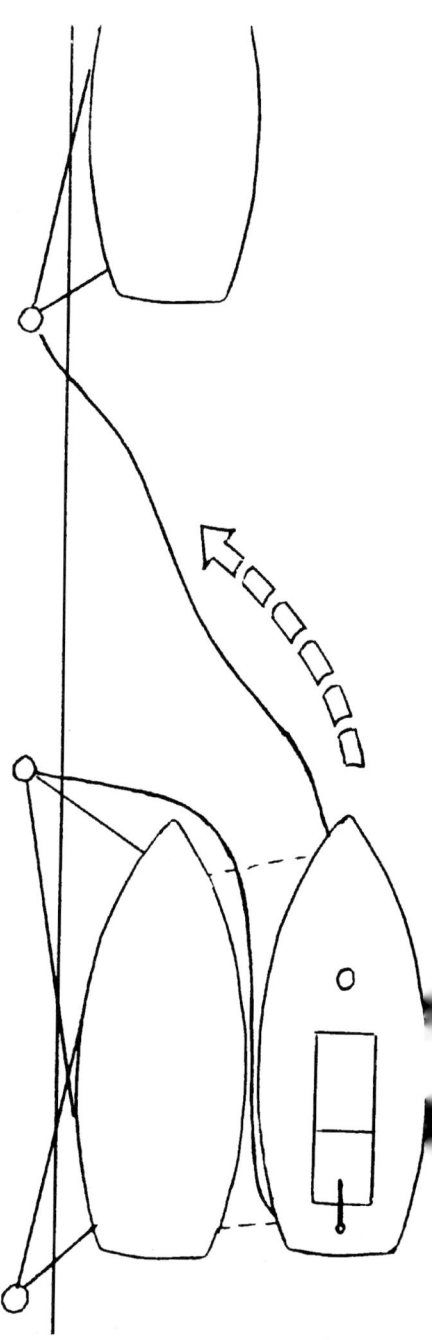

Erst längsseit, dann an die Pier

Bei ganz engen Lücken zwischen Pierliegern kann es sinnvoll sein, erst an einem Boot vor oder hinter der Lücke längsseit zu gehen, um sich dann von dem Boot aus in die Lücke zu verholen. Dazu macht man provisorisch längsseit fest, bringt dann je eine Vor- und Achterleine zu dem künftigen Liegeplatz aus und holt sich dann von Bord aus an den Leinen dorthin (s. Abb. S. 52).

Kurzgefaßt

Bei engen Lücken erst bei anderem Boot längsseit, dann in die Lücke verholen.

Drehen zwischen Steg und Pfählen

Wenn beiderseits die Boote der Stegnachbarn liegen, muß man sich zum Drehen wieder hinaus zu den Pfählen verholen. Als Beispiel wollen wir nicht mehr mit dem Bug, sondern mit dem Heck zum Steg liegen. Ohne Maschinenhilfe bleibt minde-stens eine lange Leine am Steg belegt, an der man sich nach dem Drehen wieder zurückholen kann. Hat man die Pfähle erreicht, schiebt man das Boot ganz aus der Box, hält aber mit einem Pfahl Kontakt. Ein kurzer Stropp mit Auge über dem Pfahl, den man mitführt und jederzeit irgendwo belegen kann, ist dabei sehr hilfreich. Mit Hilfe des kurzen Stropps und den noch an den Pfählen belegten Leinen dreht man das Boot. Dabei werden die ehemaligen Achterleinen nun zu Vorleinen. Dann schieben wir das Boot mit dem Heck voran wieder zwischen die Pfähle. Die lange ehemalige Vorleine zum Steg ist zur Achterleine geworden. An dieser ziehen wir uns wieder zum Steg zurück.

Kurzgefaßt

Man verholt sich zu den Pfählen. Eine Leine bleibt zum Steg belegt und wird mitgesteckt. Man dreht an den Pfählen, macht die Achterleinen zu Vorleinen (oder umgekehrt) und holt sich an den Steg zurück.

Drehen zwischen den Pfählen mit Maschinenkraft

Mit Maschinenhilfe werfen wir die beiden Vorleinen zum Steg ganz los und holen uns zu den Pfählen. Dort drehen wir auf die gleiche Weise, wobei die Maschine unterstützen kann. Dann ziehen wir uns rückwärts mit Maschinenkraft wieder an den Steg heran. Dabei machen wir uns gegebenenfalls den Schraubendrall zunutze.

Richtig festgemacht

Beachten des Wasserstandes

Grundsätzlich muß man unterscheiden zwischen Gezeitengewässern und Gewässern ohne Gezeiten. In Gezeitengewässern müssen wir beim Festmachen unbedingt das *Alter der Gezeit* kennen, das heißt ob wir bei Ebbe oder Flut festgemacht haben. Wir müssen wissen, wie weit das Wasser noch fallen wird bis Niedrigwasser oder steigen wird bis Hochwasser. Entsprechend dem Tidenhub müssen wir die Länge unserer Festmacher wählen. Einerseits soll das Boot auch bei Hochwasser nicht in seinen losen Leinen so hin- und herschwoien, daß es irgendwo beschädigt werden kann. Andererseits darf es sich bei Niedrigwasser nicht in seinen Leinen aufhängen.

Doch auch in tidenlosen Gewässern kann sich der Wasserstand durch Windeinfluß schnell und stark ändern. Das geschieht häufig dann, wenn nach ruhigerem Wetter starker Wind oder Sturm einsetzt oder wenn starker Wind plötzlich abflaut und das weggedrückte Wasser, das sich woanders aufgestaut hatte, zurückschwappt.

Wer sein Boot längere Zeit allein läßt, sollte die Leinen also immer so lang lassen, daß sie für starke Wasserstandsunterschiede genug Lose haben. Je weiter weg vom Boot die Festmachepunkte, desto geringer braucht verhältnismäßig die Lose zu sein.

Wenn wir an Schwimmstegen festgemacht haben, sind dagegen möglichst kurze Leine sinnvoll. In jedem Falle müssen die Leinen dicht genug geholt sein, damit das Boot nicht unkontrolliert schwoien kann.

Kurzgefaßt

Ob in Tidengewässern oder in tidenlosen Gewässern: Leinen den Erfordernissen entsprechend ausreichend lang, Boot aber dennoch unter Kontrolle.

An der Pier und längsseit

An der Pier werden Vor- und Achterleine ausgebracht und zusätzlich Vor- und Achterspring. Um Wasserstandsschwankungen ausgleichen zu können, sollten Springs zur Pier immer möglichst lang sein, aber auch *tight* durchgeholt.

Die Springs sollen das Boot in Längsrichtung auf Position halten. Das wird besonders wichtig, wenn die Fender geringe Auflageflächen haben und sonst beispielsweise wirkungslos zwischen das Fachwerk einer Pier rutschen.

Vor- und Achterleinen sollen Bug oder Heck querschiffs auf Position halten, also nicht abklappen lassen. Sie sollten daher im Gegensatz zu den Springs mehr querschiffs ausgebracht sein. Bei geringen Wasserstandsunterschieden sind sie als reine *Querleinen* denkbar. Bei erwarteten starken Wasserstandsschwankungen sollten jedoch auch Vor- und Achterleine möglichst genauso lang und im gleichen Winkel nach vorn oder achtern ausgebracht werden wie die Springs.

Auch wenn man sich neben andere Boote »ins Päckchen« legt, bringt man Springs zum

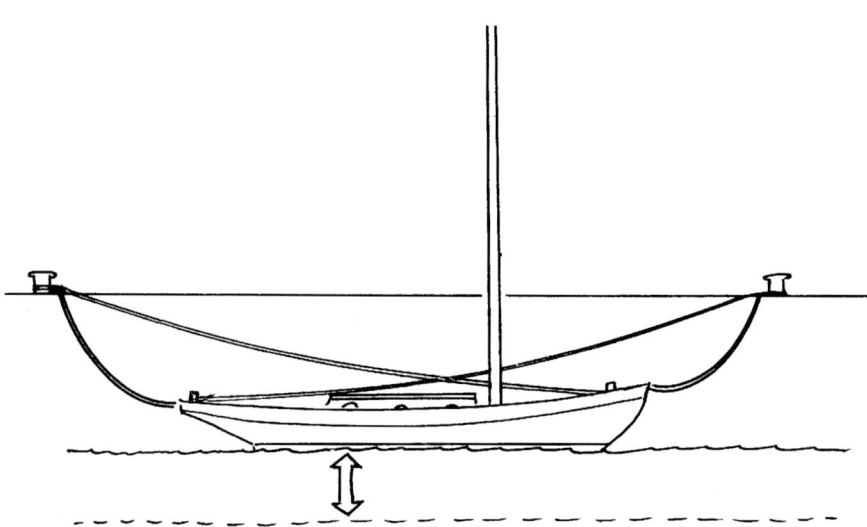

Festmacherführung bei Gezeiten

Nachbarn aus, damit die Boote gegeneinander nicht hin und her arbeiten. Wenn mehrere Boote nebeneinander liegen, sollten die außen liegenden Yachten zusätzlich Vor- und Achterleinen zum Land hin ausbringen. So wird verhindert, daß das ganze Päckchen hin- und herschwoit oder vom Wind schiefgedrückt wird und die Festmacher und Beschläge des innersten Bootes unnötig belastet oder gar beschädigt werden.

Kurzgefaßt

Vor- und Achterleine verhindern das Abklappen des Bootes, die Springs das Vor- und Zurückschwoien. Springs immer lang genug und tight. Auch als Längsseitlieger Vor- und Achterleinen zum Land hin ausbringen.

Auflandiger Wind an der Pier

Arbeitet ein Boot bei auflandigem Wind heftig an der Pier, kann man sich helfen, indem

Bei auflandigem Wind mit Anker freiholen von der Pier

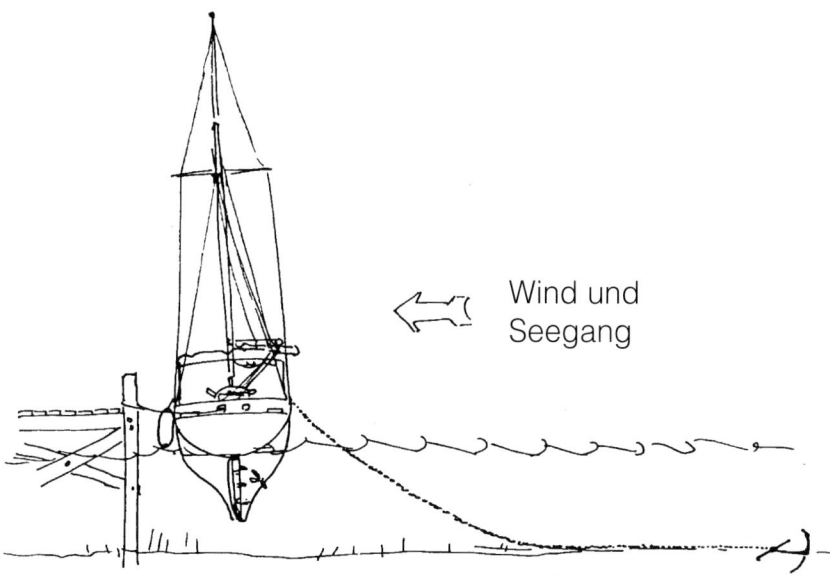

Wind und Seegang

man mit dem Dinghi(!) einen leichten Anker quer ins Hafenbecken ausbringt. Man holt die Ankerleine tight und belegt sie mittschiffs. So wird das Boot vielleicht einen halben Meter von der Pier abgehalten und arbeitet nicht mehr auf den Fendern. Die Ankerleine sollte aber deutlich gekennzeichnet sein, um andere Fahrzeug vor zu dichtem Vorbeifahren zu warnen. Man kann beispielsweise einen großen Lappen an die Leine binden und zusätzlich den Ankerball oder einen anderen dunklen, runden Gegenstand an den querschiffs ausgebrachten Bootshaken hängen – nachts eine weiße Lampe. Ein Reitgewicht kann den Winkel der Kette oder Ankerleine ins Wasser verkleinern.

Kurzgefaßt

Bei auflandigem Wind Anker querschiffs ausbringen und Boot einen halben Meter von der Pier freiholen.

Allgemeine Regeln

Liegt man im Päckchen, sollte man darauf achten, daß die Masten gut gegeneinander versetzt stehen. Sonst können sie im Schwell unangenehm gegeneinanderschlagen. Schwell entsteht nicht nur durch in den Hafen laufenden Seegang. Auch plötzlich einlaufende Fischerflotten haben schon für unvorhergesehene Aufregungen gesorgt.

Zum Nachbarn ausreichend Fender auszubringen sollte selbstverständlich sein.

Wer einen Liegeplatz außen an einem Päckchen gefunden hat und nun sein Dinghi längsseit festmacht, um zu verhindern, daß ein weiterer Segler neben ihm festmacht, ist unkameradschaftlich und ein rücksichtsloser Holzkopf. Er hat den Ärger, den ihm andere Segler deshalb machen werden, verdient.

Auch beim Liegen zwischen Anker und Pier oder Boje und Pier sollten sich die Boote mit Bug- oder Heckleinen von Bord zu Bord vor dem Gegeneinanderschwoien sichern.

Auge über dem Poller

Legt man ein Auge über einen Poller, auf dem schon andere Leinen liegen, steckt man sein Auge *immer* von unten durch die Augen der anderen Festmacher und legt es erst dann über den Poller. So kann jeder stets seinen Festmacher lösen, ohne eines der anderen Augen abnehmen zu müssen, und es ist egal, welches Fahrzeug später zuerst seinen Liegeplatz verläßt. So wird es in allen Seehäfen der Welt gemacht.

Sich nicht an diesen Brauch zu halten, verrät den unbedarften Anfänger. Er wird es sich gefallen lassen müssen, von seinen Mithafenliegern darauf hingewiesen zu werden.

**Augen über einen Poller stets von unten durch
schon liegende Augen hindurchnehmen**

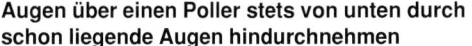

Bevor man direkt von seinem Liegeplatz aus unter Segel geht, muß klar sein, daß man nach dem Ablegen bis zum Verlassen des Hafens oder Ankerplatzes voll manövrierfähig sein muß. Außer bei sehr leichten Winden ist es sicher sinnvoll, dazu die kleinsten zum Manövrieren noch ausreichenden Segel zu wählen oder entsprechend zu reffen.

Wenn man im Zweifel ist, ob man sich unter Segeln von anderen Booten oder Hindernissen wird freisegeln können, muß man sich an eine zum Absegeln geeignete Stelle verholen. Man kann sich dazu auch mit einem leichten Anker auf eine freie Wasserfläche *warpen* – beispielsweise in die Mitte des Hafenbeckens oder ganz aus dem Hafen heraus.

Kurzgefaßt

Kleinstmögliche Segelfläche klarmachen, gegebenenfalls an günstige Stelle verholen oder mit Anker freiwarpen.

Von der Pier

Ablandiger Wind

Von Steg oder Pier aus bei ablandigem Wind unter Segel zu gehen, ist kaum ein Problem. Man kann alle Leinen losmachen bis auf eine Vorleine *auf Slip*, das heißt von Bord um den Poller an Land und wieder zurück an Bord. Dann setzt man Segel, wirft von Bord aus los und läßt sich zurücktreiben, bis die Segel Wind gefangen haben.

Dazu wird man sich sinnvollerweise beim Loswerfen zu der richtigen Seite hin abstoßen. Man sollte sein Boot natürlich kennen. Bestehen Zweifel, daß das Boot mit gesetztem Großsegel auch gleich weit genug abfallen wird, um sich von allen Hindernissen freizusegeln, sollte man nur unter Vorsegel ablegen und das Groß erst weiter draußen setzen. Sonst kann es passieren, daß das Boot trotz hart Leeruder nicht weit genug abfällt und in die Pier oder in andere dort liegende Boote hineinse-

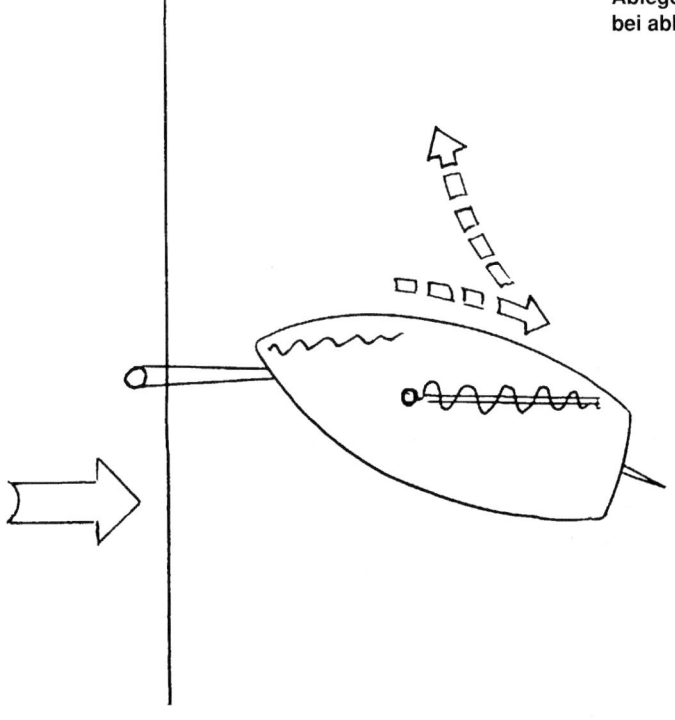

gelt. Um das zu verhindern, kann man eine lange Achterleine auf Slip nehmen und bis zuletzt belegt lassen. Sie verhindert, daß das Boot in die falsche Richtung Fahrt aufnimmt. Erst wenn das Boot nach dem Loswerfen der Vorleine weit genug nach Lee herumgetrieben ist, wirft man auch sie los.

Segelt man nur unter Vorsegel ab, wirft man einfach die Achterleine als letzte los, wenn der Bug gut in Fahrtrichtung abgeklappt ist.

Kurzgefaßt

Am besten unter Vorsegel ablegen. Achterleine zuletzt los, wenn das Boot weit genug abgefallen ist.

Der Wind weht parallel zur Pier

Weht der Wind nahezu parallel zur Pier und von vorn, kommt man problemlos frei, indem man sich vom Wind abklappen läßt.

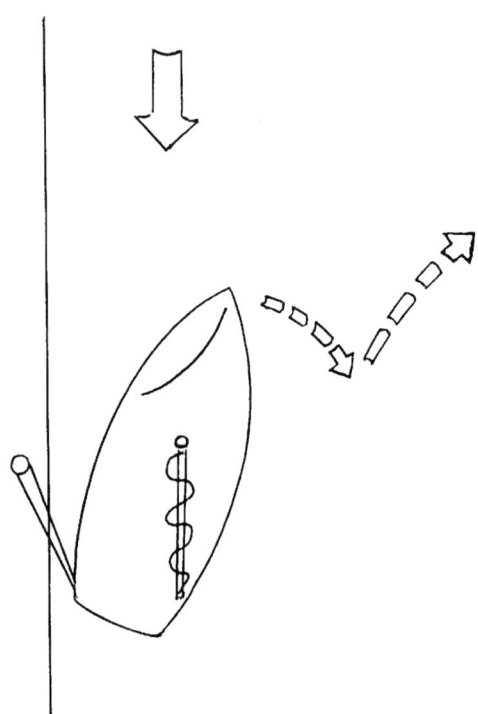

Ablegen von der Pier mit Wind von vorn

verholt man es dabei gleich ein Stück weiter nach Luv.

Kurzgefaßt

Vorsegel setzen, abgefendertes Heck festhalten, mit dem Bug abklappen.

Der Wind weht auflandig

Mit einem leichten, manövrierfreudigen Fahrzeug bei nur schwachen, auflandigen Winden kann man dem Boot durch Abstoßen längs der Pier genug Fahrt voraus geben, um sich ein paar Meter nach Luv freizusteuern. Das wird reichen, um augenblicklich Segel zu setzen und von der Pier freizusegeln.

Dabei muß das Heck abgehalten oder abgefendert werden. Ehe das Boot Fahrt aufgenommen hat, wird es sich mit dem Heck gegen die Pier stützen. Um das Heck festzuhalten, bis das Boot abgeklappt ist, kann man sich einer Achterspring auf Slip bedienen.

Liegt das Boot mit dem Heck zum Wind und ist nach Lee wenig Platz, muß man das Boot erst herumdrehen. Wenn nötig,

Wenn der Wind stärker auflandig bläst oder wenn es sich um größere Boote handelt, ist das Abstoßen unmöglich. Dann muß man sich irgendwohin nach Luv verholen oder mit dem Anker freiwarpen.

Kurzgefaßt

Leichte Boote abstoßen, sonst nach Luv oder an den Anker verholen.

Ankerauf unter Segeln

Hat man sich mit dem Anker ins Hafenbecken verholt – oder liegt man ohnehin auf Hafenreede – kann man nun das (mehrfach gereffte) Groß setzen. Die Vorsegel würden beim Ankeraufgehen im Moment noch durch schlagendes Tuch und Schoten stören. Wenn nur zu einer Seite hin Platz ist, holt man den Baum mit einem Bullenstander querschiffs gegen den Wind auf die Seite, zu der man absegeln möchte. Der Wind wird das Boot nun weit genug drehen, so daß es nach dem Hieven des Ankers auch zu dieser Seite hin wird abfallen können. Dazu muß, gleich nachdem der Anker aus dem Grund ist, das am weitesten vorne befindliche Vorsegel gesetzt werden, damit es den Bug nach Lee drückt. Der Bullenstander wird losgeworfen, das Großsegel entsprechend dichtgeholt. Wenn das Boot nun sicher in die richtige Richtung Fahrt aufnimmt, wird der Anker in aller Ruhe an Deck gehievt.

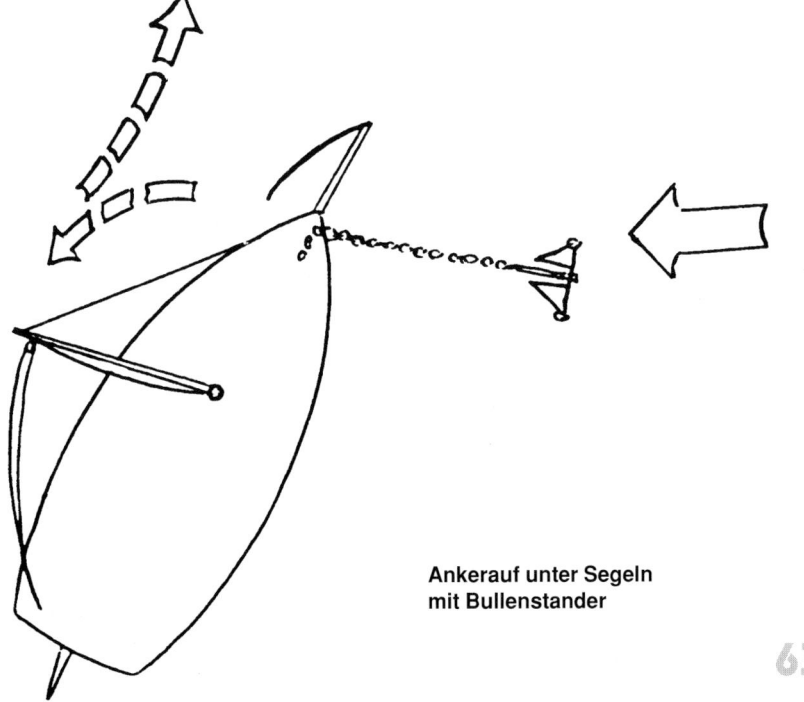

**Ankerauf unter Segeln
mit Bullenstander**

Wenn keine Möglichkeit besteht, den Anker einfach und schnell in eine Klüse zu hieven, und der Anker zuerst noch ein Stück durchs Wasser mitgeschleift wird, ist das weniger wesentlich, als gleich in Fahrt zu kommen, um manövrierfähig zu werden.

Ist genug Platz vorhanden und besteht kein Zweifel, daß das Boot zur richtigen Seite hin Fahrt aufnehmen wird, holt man den Anker natürlich gleich an Deck.

Kurzgefaßt

Gerefftes Groß setzen, Bullenstander durchholen, Anker auf, Vorsegel setzen.

Von der Pier

Von der Backbordseite ablegen – mit der Achterspring

Wenn das Boot von der Backbordseite ablegt, ist es am einfachsten. Hierbei kann man sich den Radeffekt (Schraubendrall) wieder zunutze machen. Man läßt die Achterspring bis zuletzt stehen. Dann gibt man rückwärts und dampft in die Achterspring ein, so daß der Vorsteven von der Pier abklappt. Dann wirft man die Achterspring los (sie kann vorher auf Slip geschoren werden), legt Ruder mittschiffs und gibt Maschine voraus. Der Radeffekt bei Vorausfahrt wird das Heck ganz von selbst von der Pier (oder dem Längsseitlieger) lösen.

Kurzgefaßt

Rückwärts in die Achterspring dampfen bis der Bug abklappt, Achterspring los, mit Maschine voraus von der Pier lösen.

Von der Backbordseite ablegen – mit der Vorspring

Hat man nach vorn wenig Platz, kann man auch rückwärts von der Pier ablegen. Damit das Heck durch den Radeffekt nicht sofort wieder an die Pier gedrückt wird, muß man vorwärts in die Vorspring eindampfen, bis das Boot einen starken Winkel zur Pier bildet. Dann wirft man los und zieht sich mit Rückwärtsfahrt langsam von der Pier weg. Dabei sollte man erst ganz langsam rückwärts geben und nach Steuerbord gegensteuern, um den Radeffekt möglichst wenig zum Wirken kommen zu lassen. Er wird das Heck wieder zur Pier hin ausschlagen lassen. Aber wenn der durch das Eindampfen in die Vorspring entstandene Winkel groß genug ist, wird man weit genug von der Pier entfernt sein. Inzwischen wird das Steuerbordruder auch zu wirken beginnen. Kurzkieler lassen sich achteraus oft sehr gut steuern, was weniger Rudereinwirkung erfordert.

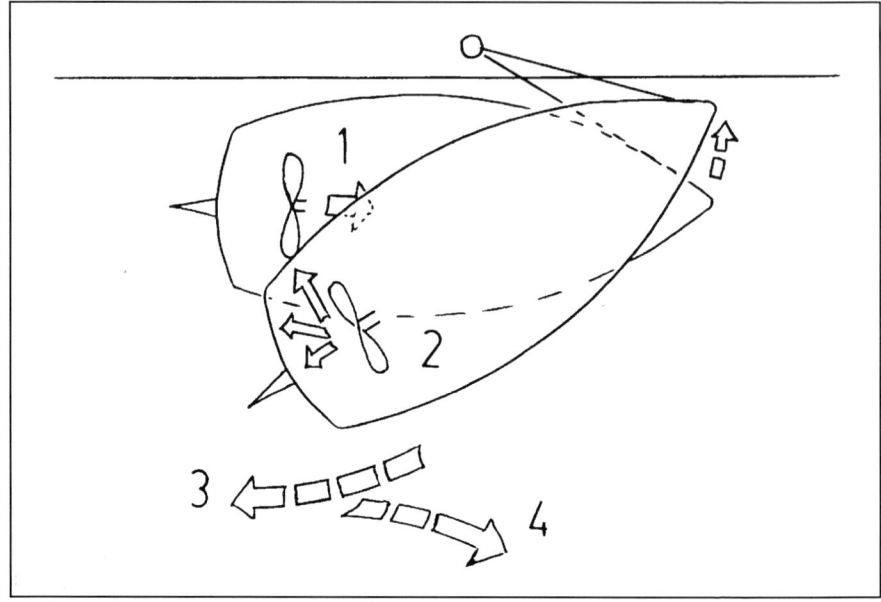

Ablegen von der Backbordseite mit der Vorspring

Ist man weit genug von der Pier ab, läßt man Steuerbordruder liegen und gibt Maschine voraus. Dann dreht man über Steuerbord von der Pier und allen Hindernissen frei.

Bei leichten Booten kann man seine Manöver durch Absetzen mit dem Bootshaken wirkungsvoll unterstützen. Bei sehr kleinen Booten macht der Einsatz des Bootshakens das Eindampfen in die Spring überflüssig.

Kurzgefaßt

Eindampfen in die Vorspring, bis das Heck weit genug abklappt, Vorspring los und mit langsam Rückwärts und Steuerbordruder weit genug von der Pier wegziehen. Dann über Steuerbord von der Pier wegdrehen.

Von der Steuerbordseite ablegen – mit der Achterspring

Liegt man mit der Steuerbordseite an der Pier, kann es etwas

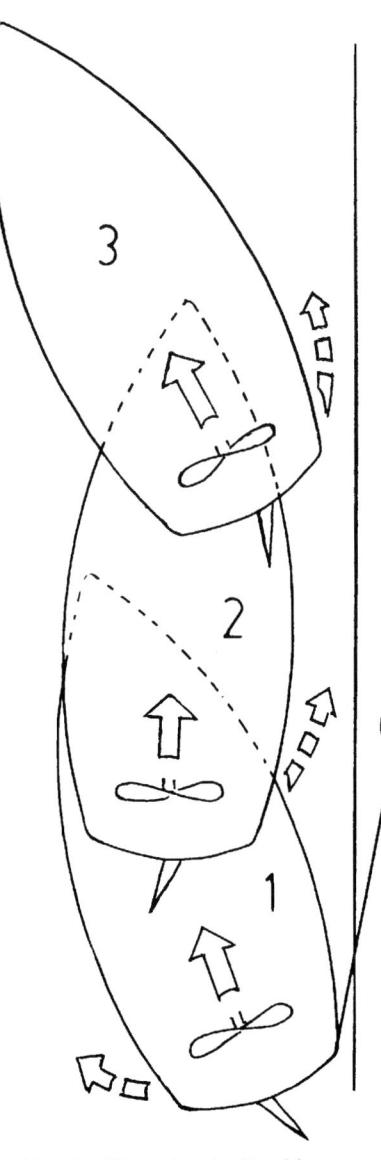

Von der Steuerbordseite ablegen mit der Achterspring

schwieriger werden, voraus abzulegen, da der Schraubeneffekt bei Vorausfahrt das Heck nach Steuerbord wieder auf die Pier drückt. Ist das Boot zu schwer, um es abzuhalten, geht es nicht ohne Eindampfen in die Achterspring. Das Heck muß dabei gut abgefendert sein, und das Ruderblatt darf nicht gegen die Pier stoßen.

Wenn der Winkel des Bootes zur Pier groß genug ist, legt man zunächst Steuerbordruder, also auf die Pier zu. Dann gibt man kurz Maschine voraus. Das Ruderblatt lenkt den Schraubenstrom nach Steuerbord gegen die Pier und das Heck wird von der Pier gelöst. Sobald das Boot Fahrt aufnehmen will, legt man sofort Ruder mittschiffs. Wenn das Heck weit genug von der Pier ab ist, dreht man mit Backbordruder weg – nicht zu früh! Durch Backbordruder schwingt das Heck wieder nach Steuerbord Richtung Pier.

Von der Steuerbordseite ablegen – mit und ohne Vorspring

Wenn voraus wenig Platz ist, zieht man das Boot besser wieder rückwärts von der Pier weg. Das ist ein einfaches Manöver. Wenn es nicht gerade auflandig weht und nach hinten etwas Platz ist, braucht man dazu noch nicht einmal die Vorspring. Die rückwärtslaufende Schraube zieht das Heck von selbst nach Backbord und von der Pier weg. Um von der Schraube nicht zu sehr nach Backbord herumgedreht zu werden, kann man mit Ruder Steuerbord gegensteuern, je nach Manövrierfähigkeit mehr oder weniger hart.

Ablegen von der Steuerbordseite mit der Vorspring

Bei auflandigem Wind oder wenn wenig Platz achteraus ist, dampft man natürlich wieder in die Vorspring ein. Ist der Abstand von der Pier groß genug, gibt man Maschine voraus und dreht mit Backbordruder ins Hafenbecken.

Kurzgefaßt

Entweder einfach rückwärts von der Pier ziehen oder vorher in die Vorspring eindampfen und dann rückwärts von der Pier ziehen.

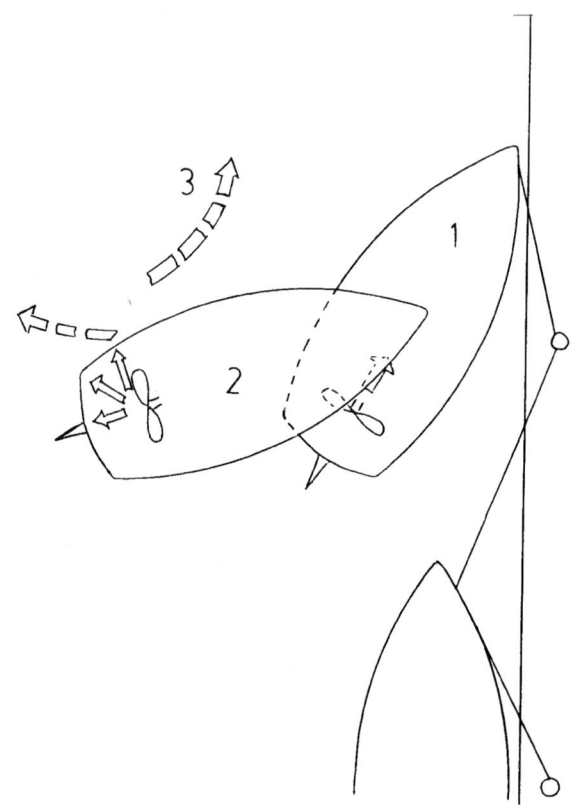

Bei auflandigem Wind und gro-ßem Windfang im Rigg wird man an der Pier immer mit Springs arbeiten müssen. Zusätzliche ungünstige Umstände wie wenig Platz, die falsche Seite an der Pier und so weiter, können ein Ablegemanöver auch als abgeraten erscheinen lassen. Deshalb sollte man schon vor dem Anlegen bedenken, wie man sich beim Ablegen von seinem künftigen Liegeplatz wieder wird entfernen können. Dann zieht man vielleicht ein etwas umständlicheres Anlegemanöver vor, um es später beim Ablegen leichter und sicherer zu haben, beziehungsweise um überhaupt ohne Beschädigungen wieder weg zu kommen.

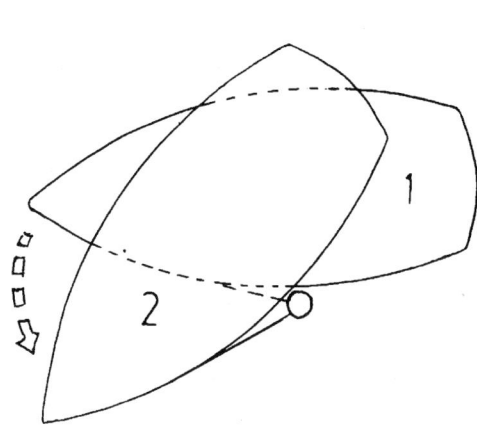

Drehen in die richtige Richtung mit Vorspring

Drehen in die richtige Richtung mit Achterleine

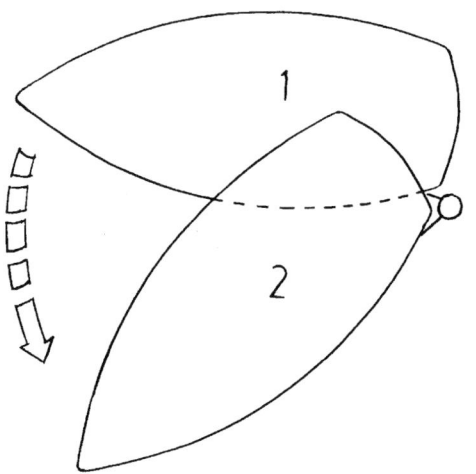

Aus der Box

Das Ablegen aus der Box in Vorausrichtung dürfte keine Probleme bereiten. Wenn die »Pfahlallee« außerordentlich eng ist, kann man sich bei den Pfählen mit Hilfe einer improvisierten Vorspring oder Achterleine in die richtige Richtung drehen, ehe man losfährt.

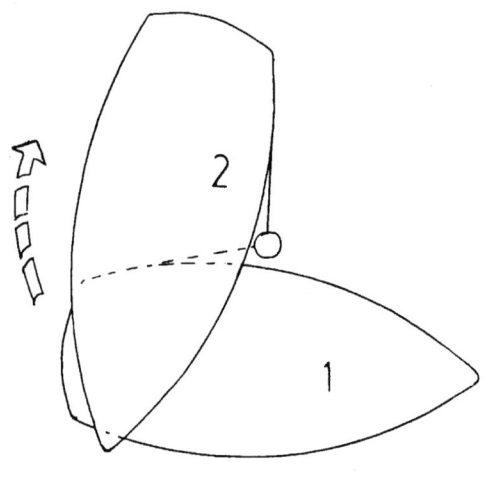

Muß man achteraus ablegen, kann man sich an den Pfählen durch Absetzen oder mit einer Achterspring in die richtige Richtung drehen.

Drehen in die richtige Richtung mit der Achterspring

Schlußbemerkung

In den vorangegangenen Kapiteln haben wir uns mit den wichtigsten Grundlagen des Anlegens, Festmachens und Ablegens in Häfen beschäftigt. Es gäbe noch manches zu ergänzen und genug zu berichten, um ein dickes Handbuch zu füllen. Aber gerade das wollen wir hier nicht. Und wir meinen, es ist auch gar nicht nötig. Das beste Wissen ist immer das aus eigener Erfahrung. Das vorliegende Material aber sollte einem umsichtigen Skipper klargemacht haben, worum es geht und wie man in gelassener Erfolgssicherheit an die Sache herangehen kann.

Alles andere ist eine Frage der Erfahrung und des Lernens. Beides wird niemals enden.